爱运动丛书 总主编：郭立亚

AI YUNDONG CONGSHU

游泳

Youyong

禹文 沈建伟 主编

西南师范大学出版社

国家一级出版社 全国百佳图书出版单位

图书在版编目(CIP)数据

游泳 / 禹文，沈建伟主编. —重庆:西南师范大学出版社，2013.6(2020.11 重印)

ISBN 978-7-5621-6200-1

Ⅰ. ①游… Ⅱ. ①禹… ②沈… Ⅲ. ①游泳－基本知识 Ⅳ. ①G861.1

中国版本图书馆 CIP 数据核字(2013)第 098615 号

游　泳

禹　文　沈建伟　主编

策　　划:刘春卉　杨景罡
责任编辑:张渝佳　罗　勇
书籍设计:周　娟　廖明媛
排　　版:重庆大雅数码印刷有限公司
出版发行:西南师范大学出版社
　　　　　地址:重庆市北碚区天生路 2 号
　　　　　邮编:400715
　　　　　市场营销部电话:023-68868624
　　　　　网址:www.xscbs.com
经　　销:新华书店
印　　刷:重庆紫石东南印务有限公司
开　　本:889mm×1194mm　1/32
印　　张:8.5
字　　数:245 千
版　　次:2014 年 5 月　第 1 版
印　　次:2020 年 11 月　第 4 次
书　　号:ISBN 978-7-5621-6200-1

定　　价:19.00 元

前言

Qian Yan

游泳是一项广大青少年非常喜爱的体育项目，它不但可以促进青少年身体健康成长，而且还可以发展青少年吃苦耐劳和沉着大胆的心理品质。

另外，游泳作为人类生存的一种自然保护手段也引起人们的高度重视。然而，由于广大青少年缺乏对游泳技术的系统学习和正规训练，导致游泳动作错误，水性不佳，游泳速度很难提高，在大江大海中遇到危险时自我救护能力下降，甚至失去自保能力。为此，西南大学体育学院组织相关专家和一线教师编写了该书，为广大青少年学习游泳提供了正确的技术指导和练习方法。该书结合了青少年学习游泳的特点，图文并茂，简明易懂，内容丰富，是广大青少年初学游泳的必备之书；也是游泳教练员、场馆管理者和游泳爱好者的参考书。

本书由西南大学的禹文、沈建伟任主编，西南大学的郝晨、周维臻、李征、郭礼，贵州大学的喻强任副主编。西南大学体育学院罗加冰教授对本书进行了认真的审阅，提出了许多宝贵意见。

西南师范大学出版社对本书的编写和出版给予了很大的关心和帮助，重庆市游泳协会对本书的编写给予了很大支持，特别是重庆市游泳协会况红松老师对本书图片采集提供了很大的帮助，重庆市游泳协会官方网站（www.cq-swimming.org）为本书的编写提供了许多有价值的数据，在此一并致以衷心的感谢。

受水平之限，疏误在所难免，敬请读者提出宝贵意见。

Mu Lu 目录

★ **生命在于运动。**

法国启蒙思想家——伏尔泰

★ **生命需要运动。**

希腊哲学家——亚里士多德

第一篇　绪　论

在历史发展的长河中，无论是捕猎，还是逃避猛兽，或是遇上海难时得以自救，游泳都是一门重要的技能。远在公元前 2500 年，古埃及已有类似游泳的活动。古罗马人兴建的巨大浴池，更是上流社会人士作为余暇游泳及社交活动之场所。早期的游泳活动，只被视为贵族子女教育及士兵训练的一个重要部分，直至 18 世纪末期，工人阶级参与的时间及机会增多后，游泳才开始成为一种普及的活动。

竞技游泳源于英国及澳洲，后来传入其他国家，19 世纪中期至 20 世纪初，世界各国的游泳比赛开始普遍起来，游泳总会亦相继成立。英国业余游泳总会（前身为都会游泳总会）于 1869 年成立，是第一个成立的国家游泳总会。在 1850 年至 1860 年间，英国与澳洲已有国际游泳比赛。当国际奥林匹克运动会于 1894 年 6 月 16 日在巴黎成立时，游泳已被列为 1894 年的奥运项目之一。至于国际业余游泳联会（FINA），则成立于 1908 年。

我们伟大的祖国是世界文明古国，我国游泳活动的开展也是源远流长的。据文字记载，在奴隶制时代，就已经有了游泳活动。周秦以后，封建统治阶级把游泳当作军事训练的手段为维护他们的统治服务。与此相反，劳动人民则把游泳作为同大自然作斗争的一种手段，并在生产劳动中不断地发展了游泳的各种技能，创造了不少泅水的方法，如狗爬式、寒鸭浮水、扎猛子等。这些游泳方法具有悠久的历史，至今流传民间。

到了 19 世纪末，出现了近代游泳。1896 年在希腊举行的第一届奥林匹克运动会，开始把游泳列为竞赛的项目之一。当时只有男子 100 米、500 米和 1200 米自由泳三个项目。以后又陆续增加了仰泳、潜泳、蛙泳和 5×40 米接力。1908 年在英国举行第四届奥林匹克运动会时，成立了国际业余游泳联合会，审定了各项游泳的世界纪录，并确定了国际游泳比赛规则。1912 年在瑞典斯德哥尔摩举行的第五届奥林匹克运动会，才把女子游泳列为比赛的项目。

游泳是人类凭借自身肢体动作在水中进行运动的技能。它至少于史前时期即已产生了，在利比亚的史前岩画中就有游泳姿势的描绘。现代游泳运动起源于英国，17 世纪 60 年代流行于约克郡地区。至 19 世纪 30 年代，室内游泳池相继出现于英国各大城市。1837 年，在英国伦敦成立了第一个游泳组织，同时举办了英国最早的游泳比赛。1869 年，在伦敦成立了大城市游泳俱乐部联合会（现英国业余游泳协会前身）。竞技游泳作为体育项目正式固定下来。1896 年第一届奥运会就开设男子游泳项目。1912 年女子游泳也被列为奥运会正式项目。1952 年国际泳联决定将蛙泳与蝶泳分开。从 1957 年 5 月 1 日起，国际泳联只承认在 50 米标准池中创造的世界纪录。至 2000 年第 27 届奥运会，游泳比赛共设有自由泳、仰泳、蛙泳、蝶泳、个人混合泳、接力游泳等 32 个项目（男子 16 项，女子 16 项），成为奥运会比赛中仅次于田径的第二金牌大户。

图 1-1

游泳运动是男女老幼都喜欢的体育项目之一，具有健身性、竞技性和趣味性等特点。

游泳运动是指运用头部、躯干、手臂、腿的动作，使身体在水中活动或游进，主要包括竞技游泳、实用游泳等。各种游泳又有多种不同的姿势技术要求。此外，有一些运动项目，如跳水运动、水球、潜水运动、花样游泳等，均以游泳为基础。

第一节　游泳运动的意义

游泳是在水中环境中进行的运动项目，是水浴、空气浴、日光浴三者结合，对人体十分有益，也是生活、生产、竞赛和军事活动中十分有价值的一种技能。学会游泳并经常进行游泳锻炼对强身健体具有重要的意义。

(一)保障生命安全

地球上布满江河湖海，人类在生活中不可避免地要与水打交道。不论是主动地下水游泳、玩耍或进行水上生产作业，还是被动地失足落水或乘船发生意外，假如不会游泳，生命安全就会受到威胁。假如会游泳，自身的生存就会有保障，不但可以自救，还可以救助他人。因此，会游泳成了保证生存的重要手段之一，是人类的一种基本生存技能。世界上不少国家将游泳列为青少年学生必修的运动项目，要求从小掌握游泳技能，所以最好从婴儿游泳做起。

(二)强身健体

游泳时，由于水的压力、阻力、浮力和较低水温的作用，使人体的各部分器官都得到锻炼。水的导热能力比空气大 25 倍左右，据测定，人体在 12℃的水中停留 4 分钟所散发的热量，相当于人在陆地上 1 小时所散发的热量。经常进行游泳锻炼能改善体温调节能力，以适应外界气温变化的需要。加之游泳时肌肉活动所耗热量必须尽快补充，从而促进了体内新陈代谢。游泳时热量消耗大，能有效地消耗身体的脂肪，长时间游泳还是减肥的一种好方法。

游泳运动对于提高人的心肺功能有显著作用。人体在水中受到水的压力，水深每增加1米，每平方厘米体表面积所受的压力要增加0.1个大气压。人站在齐胸深的水中，感觉呼吸比在陆地上费力，是因为胸腔和腹腔受到水的压力，这就迫使呼吸肌必须用更大的力量来完成呼吸动作。经常进行游泳锻炼，可增强呼吸系统的机能，扩大胸腔活动幅度，增大肺的容量。游泳运动员的呼吸差可达14～16厘米，而一般人只有6～8厘米；肺活量可达4000～6000毫升，个别优秀运动员还可达7000毫升，而一般人只有3000～4000毫升。

游泳时，由于人体处于平卧姿势，以及水对皮肤的压力和按摩作用，肢体的血液易于回流心脏，加之游泳时心跳频率加快，心血输出量大大增加。长期从事游泳锻炼，心脏体积呈现明显的运动性增大，收缩更加有力，血管壁增厚，弹性加大，安静时心率徐缓。游泳运动员安静时心率一般为每分钟40～60次，比一般人（70～80次）慢而有力。游泳还能刺激血液中运输氧气的血红蛋白量的增加，从而提高人体摄氧能力。

据测定，在26℃和一个大气压条件下，水的密度比空气大844倍。水的阻力也比空气阻力大得多，因此在水中向前游泳要用较大的力量。游泳是周期性动作、动力性工作。因此，坚持游泳锻炼，还能提高肌肉的力量、速度、耐力和关节灵活性，使身体得到协调全面发展，体型匀称健美，肌肉富有弹性。

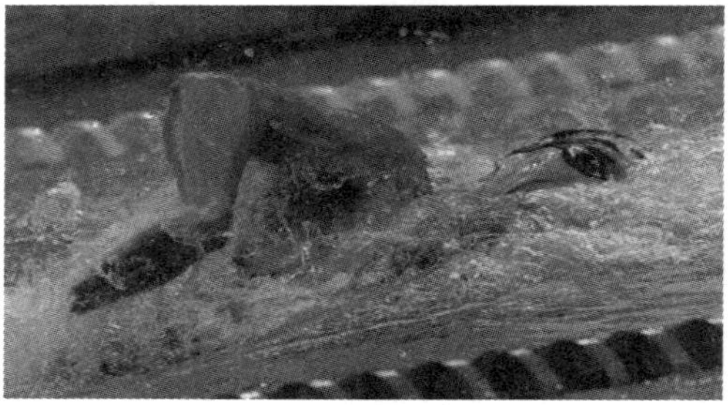

图1-2

（三）防病治病

经常进行游泳锻炼能有效地增强体质，因而游泳也是防病治病的手段。游泳时，会受到冷水的刺激，长期锻炼能增强机体适应外界环境变化的能力，抵御寒冷，预防疾病，所以经常游泳者不易感冒；由于水的浮力作用和身体平卧水面时脊柱充分伸展，所以对预防和治疗脊柱侧弯颇有益处；由于水流和波浪对全身体表产生特殊的按摩功效，所以游泳能帮助和促进功能恢复，对瘫痪病人和残疾人的康复很有帮助。据报道，经常游泳，对于身体瘦弱者和许多慢性病患者，如慢性肠胃病、神经衰弱、习惯性便秘、慢性支气管炎、哮喘等有明显疗效。很多康复中心，都将水中运动当作治疗慢性病和身体恢复的重要医疗体育手段。

（四）锻炼意志，培养勇敢顽强精神

初学游泳时，要克服怕水心理。要长期坚持游泳，就要克服怕苦、怕累、怕冷心理。尤其是在大风大浪的江河湖海中游泳和进行冬泳，没有勇敢顽强的精神和坚强的意志是坚持不下去的。因此，长期的游泳锻炼可锻炼意志，培养勇敢顽强、吃苦耐劳、不怕困难的品质。

（五）休闲娱乐，促进身心健康

大众游泳活动，可以不拘形式与内容，不受年龄、性别限制，是一项“休闲体育”。在盛夏，人们以家庭或以团体或与亲朋好友到泳池（婴儿可到婴儿游泳池，幼儿可到婴幼儿游泳池进行游泳锻炼）、水上游乐处或海滩进行游泳、游戏、纳凉消暑，不但能使肌肉得到放松，而且能使紧张的神经得以松弛，心情舒畅，促进身心健康。

（六）为生产、国防服务

游泳在生产建设上有很高的实用价值，许多水上作业，如水利建设、防洪抢险、渔业、水产养殖等等，都要掌握游泳技能才能克服水的障碍，更好地完成生产建设任务。

在国防建设上，游泳是军事训练的重要项目之一，练就一套过硬的游泳本领，以提高水中作战能力，在作战时能顺利地克服天然险阻，能更好地保护自己和出其不意地打击敌人，保卫祖国。

（七）创造优异成绩，为国争光

游泳是国际体育比赛不可缺少的项目，在奥运会游泳比赛中设有32个项目，金牌数仅次于田径。在综合运动会中，素有“得田径游泳者得天下”之说。把游泳作为奥运会战略重点项目大力开展，对加速提

高运动技术水平，在比赛中取得优异成绩，为国争光，促进我们走向体育强国具有重要意义。游泳也是进行国际文化交流、促进与各国人民的相互了解和友谊的有效手段。

（八）增强抵抗力

游泳池的水温常为 26℃～28℃，在水中浸泡散热快，耗能大。为尽快补充身体散发的热量，以供冷热平衡的需要，神经系统便会快速做出反应，使人体新陈代谢加快，增强人体对外界的适应能力，抵御寒冷。经常参加冬泳的人，由于体温调节功能改善，就不容易伤风感冒，还能提高人体内分泌功能，使脑垂体功能增加，从而提高对疾病的抵抗力和免疫力。

（九）减肥

游泳时身体直接浸泡在水中，水不仅阻力大，而且导热性能也非常好，散热速度快，因而消耗热量多。就好比一个刚煮熟的鸡蛋，在空气中的冷却速度，远远不如在冷水中快，实验证明：人在标准游泳池中游泳 20 分钟所消耗的热量，相当于同样速度在陆地上跑步 1 小时，在 14℃的水中停留 1 分钟所消耗的热量高达 100 千卡，相当于在同温度空气中 1 小时所散发的热量。由此可见，在水中运动，会使许多想减肥的人，取得事半功倍的效果，所以，游泳是保持身材最有效的运动之一。

游泳能强身健体，防病治病，健美体形，娱乐身心，锻炼意志，有很强的竞技、欣赏功能和实用价值，为越来越多的人所喜爱。因此，游泳运动被誉为“21 世纪最受欢迎的体育项目”之一。

第二节　游泳运动的发展概况

在举行第一届奥林匹克运动会时，游泳就被列为竞赛项目之一。当时设有男子 100 米、500 米、1200 米自由泳三个比赛项目。第二届增设了仰泳、障碍泳和潜泳比赛。第三届取消了障碍泳和潜泳，比赛距离以“码”为单位。

1908 年，在英国伦敦举行第四届奥运会时，设立了国际业余游泳联合会(简称国际游联)，审定了各项游泳世界纪录，并制订了国际游泳比赛规则，规定比赛距离单位统一为“米”，增设蛙泳项目(200 米)。第五届奥运会，开始把女子游泳列入比赛项目，并设有 100 米自由泳和 4×100 米自由泳接力赛。

1952 年第十五届奥运会时，国际游联决定增设蝶泳项目。从此，竞技游泳发展成四种泳式，以后比赛项目逐渐增加，从 1996 年第二十六届奥运会开始，游泳比赛项目达到 32 项。

每届奥运会都集中了世界各国的优秀游泳选手进行比赛，大大促进了游泳运动技术水平的提高，世界纪录不断被刷新。第二十七届奥运会创造了 13 项游泳世界纪录，第二十八届创造了 7 项。从近几届奥运会成绩看，美国、澳大利亚以绝对优势占据前两位，荷兰、日本、乌克兰、罗马尼亚、意大利等国的实力也较强。

随着游泳运动的不断发展，国际游联认为四年一度的奥运会游泳比赛相隔时间太长，决定在两届奥运会之间增添世界游泳锦标赛。从 1973 年起举办世界游泳锦标赛。然后，为了大力促进世界游泳的迅速发展，国际游联从 1990 年开始举办世界杯短池游泳系列赛，从 1993 年起又增加了世界短池游泳锦标赛。

在我国，游泳在各个历史时期都有一定的发展，但在过去的历史条件下，它不可能作为一个运动项目发展起来，只有民间流传的那些“涉”“浮”“没”及其派生出来的水上漂、寒鸭浮水、扎猛子、狗刨等姿势的水上活动。游泳作为一个体育运动项目开展并成为竞技游泳，还是在近代才逐步形成的。

我国近代游泳运动始于 19 世纪中叶，由欧美传入并逐渐流行起来，开始在香港及沿海各省市，如广东、福建、上海、青岛、旅顺、大连等地，而后传及内地。1887 年，广州沙面修建了 25 码室内游泳池，以后逐渐有了竞技游泳比赛。

旧中国自 1910 年 10 月至 1948 年，共举行了 7 届全国运动会。据资料记载，自 1924 年第三届全运会起均设有游泳项目。旧中国规模比较大的游泳比赛还有华北运动会游泳比赛。这些比赛推动了各地游泳运动的开展，但发展缓慢，比赛的水平处于发展中的开始阶段。1948 年的全国纪录相当于现在的二级运动员水平。

新中国成立后，在党和人民政府的领导与关怀下，全国广大的城市乡村，群众性游泳活动发展很快。很多的塘堰水库、江河湖海，为群众性游泳活动提供了条件。有条件的省市积极地修复了一些旧游泳池馆，同时也很快开始建造一些新的游泳池。随着群众性游泳活动的开展，游泳技术水平迅速提高。1952 年 9 月在广州举行了五大行政区(华北、东北、中南、华东、西南)、解放军及铁路工会共 7 个单位参加的新中国首次全国游泳竞赛大会。到了 1954 年，旧中国的游泳最高纪录全被刷新。

由 1952 年起，每年举办一次全国性比赛。同时，我国运动员已经频繁地参加国际性比赛，运动成绩得到了大幅度的提高，为祖国争得了荣誉。如 1953 年在第一届国际青年友谊运动会上，我国游泳运动员吴传玉获得男子 100 米仰泳冠军，新中国的五星红旗第一次在国际运动场上空飘扬。1957 年至 1960 年间，我国著名游泳运动员戚烈云、穆祥雄、莫国雄 3 人，先后 5 次打破男子 100 米蛙泳世界纪录。我国男子 100 米自由泳、100 米蝶泳、200 米蛙泳也先后达到了相当于世界前 10 名成绩的水平。

为了更好地推动、普及游泳运动，国家从 1959 年起举办全国运动会，四年一届，在每届的比赛中，游泳运动水平都有显著提高。

1966～1972 年，由于“文化大革命”的原因，游泳训练处于停滞状态，使我国游泳技术水平与先进国家相比，差距拉大了。1982 年 12 月，国家体委在河北保定召开了全国游泳训练工作会议，提出了发展我国游泳运动的设想，确定了一批游泳训练基地，积极开展建设“游泳之乡”、“游泳之城”和“先进池馆”的活动。为鼓励运动员刻苦锻炼，努力提高运动技术水平，国家体委制定并颁布了《游泳运动技术等级标准》，以后曾多次修订，最近的《游泳运动员技术等级标准》是 2010 年颁布的。为逐步完善游泳比赛制度，1985 年起举办全国青少年运动会游泳比赛，1988 年开始举办全国城市运动会游泳比赛和全国短池游泳锦标赛。在竞技游泳提高的同时，群众性游泳也进一步得到普及和发展，1998 年国家体育总局推出《全民健身游泳锻炼标准》，成立“中国游泳协会成人委员会”，并在广州举办了首届“全国成人分龄游泳比赛”。以上措施都有效地促进了我国游泳运动的发展和技术水平的迅速提高。

在亚运会游泳比赛中，我国的首要目标是赶超日本。我国运动员在1982年的第九届亚运会游泳比赛中夺得3枚金牌，实现游泳金牌“零”的突破。在1986年第十届亚运会上夺得10枚金牌，在1990年第十一届亚运会上一举夺得23枚金牌，第一次超过了日本。

1988年，在广州举行的第三届亚洲游泳锦标赛上，我国夺得了24枚金牌，女运动员杨文意在50米自由泳决赛中，以24秒98的成绩创造了女子50米自由泳世界纪录。同年，在汉城举行的第二十四届奥运会上，中国女选手实现了奖牌“零”的突破，并取得了3枚银牌、1枚铜牌的优异成绩，进入女子团体前三名。

1991年在珀斯举行的第六届世界游泳锦标赛中，中国获得4枚金牌、1枚银牌、1枚铜牌，女子团体位居第二位。

1992年在巴塞罗那举行的第二十五届奥运会游泳比赛中，中国获4枚金牌、5枚银牌，并破两项世界纪录。其中林莉夺得女子200米个人混合泳金牌，创世界纪录；杨文意获女子50米自由泳金牌，创世界纪录；庄泳获女子100米自由泳金牌；钱红获女子100米蝶泳金牌。这是我国首次在奥运会上获得游泳金牌。

1994年9月，在罗马举行的第七届世界游泳锦标赛中，中国获得12枚金牌，破5项世界纪录，女子团体位居第一位。这一成绩震惊了世界泳坛。在比赛中，乐靖宜获女子50米和100米自由泳冠军，并创该两项世界纪录；贺慈红在女子100米仰泳和200米仰泳中夺得金牌，100米仰泳创世界纪录。

1994年10月在广岛举行的第十二届亚运会比赛中，中国队获得了23枚金牌，但由于有7名运动员在亚运会期间尿样呈阳性，于赛后被中国游泳协会宣布取消成绩（其中金牌8枚）并作出禁赛两年的处罚。

自广岛亚运会后，中国游泳陆续出了一些兴奋剂问题，在国内外造成了恶劣影响，对整个中国游泳造成了很大的冲击和损害。兴奋剂的干扰，严重影响了正常的科学训练和比赛，致使自1995年以来的几年，中国游泳成绩下滑。为杜绝这些违纪行为，为游泳事业的纯洁、公正和健康，中国游泳协会多次召开反兴奋剂大会，制订了严厉措施，加大检测和处罚力度，加强宣传教育，以排除兴奋剂干扰。

1996 年，在亚特兰大举行的第二十六届奥运会游泳比赛中，中国队夺得了 1 枚金牌、3 枚银牌、2 枚铜牌。1998 年在珀斯举行的第八届世界游泳锦标赛中，中国获得 3 枚金牌(陈妍女子 400 米自由泳和 400 米个人混合泳，吴艳艳女子 200 米个人混合泳)、2 枚银牌、3 枚铜牌。曾启亮获男子 100 米蛙泳第二名，成为在世界锦标赛上第一位获得奖牌的中国男选手。同年，在曼谷举行的第十三届亚运会上，中国队获得 13 枚金牌。金牌数以 13∶15 输给了日本。在 2000 年第二十七届奥运会上，中国游泳队与奖牌无缘。

图 1-3

在 2001 年第九届世界游泳锦标赛上，罗雪娟获女子 50 米蛙泳和 100 米蛙泳 2 枚金牌，成绩有所回升。在 2002 年第十四届亚运会比赛中，中国游泳队获 20 枚金牌，金牌数 20∶11 胜日本。在 2004 年第二十八届奥运会上，中国队获 1 枚金牌，1 枚银牌。2006 年 12 月在多哈举行的第十五届亚运会游泳比赛中，中国游泳队获金牌 16 枚，与日本队齐平，但奖牌数却输给了日本。

2007 年 3 月 17 日至 4 月 1 日，第十二届游泳世锦赛在澳大利亚墨尔本举行，中国游泳再次无缘金牌，中国跳水队则夺得除男子跳台单人外的 9 个项目金牌，创世锦赛历史之最。

2009 年 7 月 17 日至 8 月 2 日，第十三届游泳世锦赛在意大利罗马举行，中国泳将一举夺得 4 枚金牌，一扫前两届无缘金牌的阴霾。4 金 2 银 4 铜的奖牌数，也超过了“五朵金花”在 1991 年世锦赛创造的 4 金 1 银 1 铜的成绩，创造中国泳军历史第二佳绩。所有项目奖牌数达 29 枚。

更值得中国人民骄傲的是中国跳水队。中国跳水队是中国体育王牌中的王牌——奥运冠军团队，包括中国女子跳水队和中国男子跳水队。自1984年参加洛杉矶奥运会以来，跳水队已经累计为中国军团贡献了27枚金牌，在各项奥运项目中高居榜首。中国跳水队1986年第一次参加世界游泳锦标赛，截至2007年第十二届澳大利亚墨尔本世界游泳锦标赛，共夺得金牌38枚，"梦之队"的称号当之无愧。其中更是涌现了高敏、伏明霞、熊倪、郭晶晶等领军人物。

当今世界游泳运动已经进入高速发展的时期，运动成绩逐渐提高，优秀运动员的平均年龄逐年增长，运动寿命延长；游泳强国加大了资金、人力和技术的投入，更加重视科研工作，而这些恰好是中国游泳发展的薄弱环节。随着我国对游泳运动关注的加大，相信我国游泳水平会上一个新的台阶。

在最近的几年里，我国游泳运动事业蓬勃发展，在国际重大赛事当中屡屡获得佳绩，极大地促进了我国体育事业的快速发展，也使我国社会大众更多地在游泳中享受到快乐和健康。

第三节　游泳运动的分类和比赛项目

在现代奥运会游泳比赛中，有游泳、跳水、水球和花样游泳四个大项的竞技比赛项目。这四个项目统归在国际游联管理之下。中国游泳协会也分管这四个运动项目。随着各运动项目的发展，游泳、跳水、水球和花样游泳四大类项目，实际上早已各自发展成为独立的四个竞技项目，并有各自的理论方法体系。因此，我们本书所研究的游泳是指单纯的竞技游泳，不包括跳水、水球和花样游泳。

随着人类社会的发展和需求的变化，游泳运动的形式、姿势和功能也发展变化为多种多样，如根据目的和功能来分，游泳运动可分成竞技游泳、实用游泳、大众游泳三类。

（一）竞技游泳

竞技游泳是指有特定技术要求，按游泳竞赛规则规定进行竞赛的运动项目。随着游泳运动的发展，竞技游泳的内容不断充实和丰富。

目前竞技游泳分为游泳池比赛和公开水域比赛两大类。在游泳池比赛的竞技游泳包括自由泳、仰泳、蛙泳、蝶泳四种泳式和由这四种泳式组成的个人混合泳以及接力比赛。按国际游联规定，在 50 米池比赛，列为游泳实际记录的项目，男、女共 40 项。奥运会游泳比赛只设其中 32 项。在 25 米池比赛，国际游联承认的有男、女共 42 项世界纪录（增加男、女 100 米个人混合泳）。

在我国，根据中国游泳协会 2003 年审定的游泳竞赛规则，50 米池全国纪录与世界纪录项目相同，男、女共 40 项，全运会游泳比赛项目与奥运会项目相同；25 米池比赛全国纪录比世界纪录增加 4×100 米自由泳接力和 4×50 米混合泳接力，男、女共 46 项。

各种比赛，包括基层的游泳比赛、少年儿童比赛、成人游泳比赛和残疾人游泳比赛等，可根据比赛目的、对象情况及时间长短的不同，设置各自的竞赛项目。

图 1-4

公开水域比赛，是指在江河湖海这些天然水域进行的游泳比赛，如游渡海峡、横渡江河、长距离游泳比赛等。这类比赛各自有特定的规定，但没有严格的游泳泳式要求，运动员多采用爬泳参赛。游渡海峡活动历史悠久，从 1810 年著名诗人拜伦横渡了赫勒斯湾海峡揭开了近代横渡海峡史的篇章后，世界上许多海峡都被人类征服。横渡海峡已成为世界性的游泳活动，如横渡英吉利海峡（直线距离 20.51 海里），第一个被公认的纪录是英国的韦布 1875 年创造的，成绩是 21 小时 45 分。从 20 世纪 50 年代起，横渡海峡引起了越来越多人的兴趣。目前，横渡海峡的活动不但是男子参加，许多女子也加入了这个队伍。

在我国也已组织过多次游渡海峡的活动，如游渡琼州海峡和渤海海峡等。北京体育大学教师张健于 2000 年 8 月，以 50 小时 22 分游了 123.58 公里，成功地横渡了渤海海峡。

公开水域长距离游泳比赛，在江河湖海等天然水域进行，不限姿势，按天然的条件确定比赛距离，深受人们的喜爱，已成为一项世界性的比赛项目。在 1998 年第八届世界游泳锦标赛的比赛项目中，就增加了男、女 5 公里和 25 公里公开水域长距离比赛，以及 3×5 公里和 3×25 公里接力比赛。比赛距离超过了 10 英里或相当于 16 公里以上的比赛称为"马拉松游泳"，国际马拉松游泳锦标赛每四年举行一次。此外，也有不限地点而以游泳的时间长或游的距离远而获胜的比赛。我国首届成人公开水域游泳比赛于 1998 年 9 月在福建古田县翠屏湖举行，有 17 支队伍 320 名运动员参加。以后，每年都举行公开水域比赛，使我国公开水域游泳活动得到不断发展。

横渡江河，也和其他公开水域比赛一样，既是竞技游泳活动，也是一种有广泛群众基础的大众体育活动。例如我国的横渡长江活动。由于毛主席的倡导，群众性横渡长江活动蓬勃发展。

（二）实用游泳

实用游泳是指直接为生产、军事、生活服务的游泳活动，包括踩水、侧泳、反蛙泳、潜水、水上救护、着装泅渡等非竞技游泳技术。竞技游泳技术虽不包括在实用游泳技术中，但在泅渡、水上救护、运动和水上作积极性休息时，常采用蛙泳、仰泳；在快速救护时，常用爬泳。

（三）大众游泳

随着人类社会的发展、生产力的提高、社会物质财富的不断丰富，人们对物质、文化、娱乐生活的质量要求也相应提高。一种以增强体质为宗旨，以丰富人们文化生活为目的的大众游泳活动，如娱乐游泳、水中游戏、康复游泳、健身游泳等，已在世界各地蓬勃地发展起来，成为游泳运动的重要组成部分。这种以健身、实用、娱乐为目的的游泳项目，由于它不追求严格的技术和速度，形式简便、多样，已越来越被人们重视，发展相当迅速。国家体育总局推出的《全民健身游泳锻炼标准》，举办的成人分龄游泳赛和水中健身教练员培训班等，既是大众游泳的范畴，又是促进大众游泳的有效措施。现在流行的婴幼儿游泳也属于大众游泳。

冬泳是指人们在冬季里的游泳活动，是大众游泳中的一项重要内容，包括在人工游泳池和自然水域的低温水中游泳。冬泳深受广大群众喜爱，在我国各省市都成立了冬泳协会或俱乐部，更有效地促进了冬泳的开展。

★ **科学的基础是健康的身体。**

波兰科学家——居里夫人

★ **运动是一切生命的源泉。**

意大利画家——达·芬奇

第二篇　我爱游泳运动

第一节　蛀泳技术

一、蛙泳的技术发展演变

蛙泳是模仿青蛙水中动作的一种游泳姿势，是人类最古老的游泳姿势之一。据史料记载，在几千年前的中国、罗马、埃及等国已有类似蛙泳的游泳动作了。

蛙泳流传很广，1875 年，英国人马修·韦布第一个成功地横渡了波涛汹涌的英吉利海峡，所采用的泳式就是蛙泳。

早期蛙泳的特点是，两腿分得很宽，蹬水时先向两侧分开蹬直，然后再向内并拢夹水。在 1896 年第一届现代奥运会的自由泳比赛中，运动员们游的都是各式各样的蛙泳或蛙式蹬腿、爬式划水的“特拉金式”自由泳。其后，其他泳式逐渐发展起来，尤其是上下打腿的爬泳技术的出现，大大提高了游泳竞赛的水平。蛙泳则因速度较慢而处于明显不利的地位。到 1904 年第三届奥运会时，蛙泳成为了一个独立的比赛项目。

为了提高蛙泳的速度，人们首先开始尝试加长划水和蹬水的距离。1907 年，匈牙利运动员巴伦忌采用两臂向后划至大腿旁，两腿收到腹部再向后蹬水的动作，创造了当时 1 分 24 秒的百米蛙泳世界新纪录。采用这种技术游进时，身体像奔马一样一顿一顿地前进，故被称为“跑马式”蛙泳。

此后，德国运动员改进了“跑马式”蛙泳配合不协调、游进时起伏大、速度均匀性差的弱点，缩短了划水的距离，提早收手，收腿时两脚逐渐分开，两膝朝外斜下方分开前收，接着向后做半圆形的蹬夹水。这种技术蹬腿有力，配合协调，身体位置较平，前进速度较均匀，被称为“平航式”蛙泳。德国运动员以这种较完善的技术，在 20 世纪一二十年代多次刷新了蛙泳的世界纪录。

此后，日本运动员又对蛙泳技术做了改进，创造了一种被称为“高航式”的蛙泳技术。其特点是划水距离较长，划水约到腰部，划水时臂较屈、肘较高；两腿快收、快蹬，蹬直后再内夹；收手后再呼吸，游进时头、肩的位置较高。这种技术能较好地发挥手臂的作用。日本运动员采用这种技术在 1932 年第十届和 1936 年第十一届奥运会上取得了优异的成绩。这一时期是现代蛙泳发展演变的第一阶段，统称为“传统蛙泳”。

20 世纪 30 年代以后，出现了“蝶式蛙泳”。其特点是，两手划至大腿旁，然后提出水面经空中向前移臂。1936 年国际游联对蛙泳竞赛规则进行了修改，允许在蛙泳比赛中采用蝶式蛙泳技术，于是在蛙泳比赛中出现了传统蛙泳和蝶式蛙泳同池竞技的局面。由于蝶式蛙泳加长了划水路线并显著减小了手臂在水中前伸的阻力，游进速度明显快于传统蛙泳，故越来越多的运动员放弃了传统蛙泳转而采用蝶式蛙泳。在 1952 年第十五届奥运会的 200 米蛙泳比赛中，全部运动员都采用了蝶式蛙泳。传统蛙泳面临着在比赛中绝迹的危险。这是现代蛙泳发展演变的第二阶段。

1952 年第十五届奥运会后，国际游联作出决定，把蝶式蛙泳从蛙泳中分离出来作为一个独立的竞赛项目，称为“蝶泳”。从此，蛙泳技术又重新得到恢复和发展。早在 1936 年，一些日本运动员曾在蛙泳比赛中尝试过水下潜游的技术，只是由于当时“蝶式蛙泳”占有明显的优势，故潜游技术没有得到发展。随着蝶泳的分离，人们为了提高蛙泳的速度，重新对潜泳进行了研究，发现潜泳既能充分发挥手臂划水的作用，又能有效地减小水的波浪阻力。于是“潜水蛙泳”又时兴起来。一些运动员在出发和转身后在水下潜游二三十米才浮出水面。在 1956 年第十六届奥运会上，日本运动员古川就采用“潜水蛙泳”技术夺得了男子 200 米蛙泳的金牌，这是现代蛙泳发展演变的第三阶段。

出于保护运动员的健康和便于观众观赏、活跃赛场气氛的考虑，第十六届奥运会之后，国际泳联修改了规则，对潜水蛙泳作了限制，规定除了在出发和转身后允许做一次长划臂和一次蹬腿的潜泳动作外，在整个游程中头部的一部分必须始终露出水面。由此开始，现代蛙泳的发展演变进入了第四阶段，各国运动员相继在原有技术的基础上，发挥个人特点，改进传统蛙泳，形成了众多的蛙泳流派。

1957 年，我国运动员戚烈云采用一种充分发挥腿部力量的“高航式”蛙泳技术，率先打破了国际泳联新规定的百米蛙泳世界纪录标准，成了我国第一个游泳世界纪录创造者。在 1958 年至 1959 年间，我国运动员穆祥雄结合自己臂、腿力量都很出色的特点，采用“半高航式”蛙泳技术，先后三次打破了百米蛙泳的世界纪录。1960 年，我国运动员莫国雄在以腿为主的基础上加强两臂的划水力量，采用“平航式”蛙泳技术，再次刷新了百米蛙泳世界纪录。这一时期是我国蛙泳发展的巅峰时期。

1961 年，美国运动员切特·贾斯特仑斯基以一种窄划水、窄蹬腿腿、晚吸气、快频率的“活塞式蹬水”技术刷新了蛙泳世界纪录。这种技术突破了蛙泳以腿为主的概念，强调臂、腿并重，窄收窄蹬，加快频率。这种技术给后来蛙泳的发展以很大的启示。

20 世纪 70 年代中后期以后，蛙泳更加强调发挥手臂划水的作用。运动员凭借有力的划水动作，配以快速窄蹬腿和晚吸气的技术，使上体在露头吸气阶段升出水面很高，使蛙泳技术的发展又推进了一步。

1987 年，国际泳联对蛙泳竞赛规则做了修改，放宽了对蛙泳头部没入水中的限制，在一个动作周期内头部只要露出水面就可以了，而不必始终露出水面。从而使现代蛙泳的发展演变进入了第五阶段。我国优秀女子运动员黄晓敏利用这一契机，迅速发展起一种“冲潜式”蛙泳技术。这种技术划水较宽，路线较长，通过强有力的划水使身体向前上方升起，两臂前伸时迅速低头前冲入水。蹬腿动作则与海豚式的腰腹动作很好地结合起来，能充分发挥腰、腿的力量。黄晓敏在1988年第二十四届奥运会上获得女子200米蛙泳比赛的银牌。在1998年第八届世界游泳锦标赛上，我国运动员曾启亮采用高频率协调配合的蛙泳技术，以1分01秒76的优异成绩获得了银牌。这是到当时为止我国男子运动员参加世界大赛取得的最好成绩，也证实了我国的蛙泳运动水平又重新达到了世界先进水平。

目前，许多优秀蛙泳运动员都采用“波浪式蛙泳”的技术。这种技术的特点是利用躯干大肌群的力量，使身体在游进中出现周期性的波浪形动作，以利于充分发挥腿部力量，并减小游进阻力。截至2006年年底，男子100米蛙泳的世界纪录为59秒13，是美国运动员布兰登·汉森创造的；女子100米蛙泳的世界纪录为1分05秒09，是美国运动员雷瑟尔·琼斯创造的。

二、蛙泳的技术分析

（一）身体姿势

蛙泳的身体姿势不是固定不变的，而是随着臂、腿及呼吸动作的周期性变化而不断变化着的。在一个动作周期中两臂前伸，两腿向后蹬直并拢时，身体几乎是水平地俯卧于水中，头部夹在两臂之间，两眼注视前下方，腹部与大、小腿位于同一水平面上，臀部接近水面，身体纵轴与水平面约成5°～10°角，这种身体姿势，可以减小游进时的水阻力。要做到这一点，要求胸部自然伸展，稍收腹，微塌腰，两腿并拢，脚尖伸直，两臂并拢尽量前伸，全身拉伸成一条直线。在游进过程中，身体会按一定的节奏上下起伏。在划水和抬头吸气时，上体会向前上方抬起，肩和背部的一部分上升露出水面，此时躯干与水平面的角度较大。当两臂前伸，两腿向后蹬夹时，随着低头的动作，肩部又浸入水中，身体恢复比较平直的流线型姿势向前滑行。

对于初学蛙泳者，不宜过分追求在划水和吸气时拉高身体的动作。因为抬头过高或过分挺胸，会造成下肢下沉，迎角增大，使身体在前进方向上的投影截面增大，从而增大游进时的阻力。

（二）腿部技术

蛙泳的腿部动作是保持身体平衡、推动身体前进的一个重要因素。尽管现代蛙泳技术强调以臂为主，但腿部动作的作用不容忽视。对于初学者更要强调掌握好腿部技术。蛙泳腿部技术可以分为收腿、翻脚、蹬夹、滑行4个紧密相连的动作环节。

1.收腿

收腿（图2-1-1）是翻脚、蹬夹的准备动作，是从身体伸直成流线型向前滑行的姿势开始的。收腿时，腿部肌肉略为放松，大腿自然下沉，两膝开始弯曲并逐渐分开，小腿和脚跟在大腿后面向前运动。收腿时，踝关节放松，脚底基本朝上，脚跟向上、向前移动，向臀部靠拢，两腿边收边分开。两小腿和两脚在前收的过程中要落在大腿的投影截面内，以避开迎面水流，减小收腿的阻力。收腿动作应柔和，不宜太用力。在收腿的过程中臀部略下降。收腿结束时，两膝内侧的距离约同肩宽；大腿与躯干约成130°～140°角，大、小腿折叠紧，小腿接近于与水面垂直，为翻脚和蹬夹做好准备。当前，许多优秀运动员收腿时大腿的动作幅度变小，收腿结束时大腿与躯干的夹角增大至150°，小腿更加靠近臀部。这种技术收腿的动作较快，有利于加快动作频率，同时有利于减小收腿时的水阻力。

图2-1-1

2.翻脚

图 2-1-2

翻脚动作(图 2-1-2)的目的在于使腿在蹬夹时有一个良好的对水面。在蛙泳技术中,翻脚动作很重要,翻脚的好坏直接影响到蹬夹的效果。当收腿使脚跟接近臀部时,大腿内旋,两膝稍内扣,小腿向外张开,两脚背屈使脚掌勾紧向外翻开,脚尖转向两侧,使小腿和脚的内侧面向后,形成良好的对水面,为蹬夹动作做好准备。

翻脚实际上是收腿的结束动作和蹬夹的开始动作。在收腿接近完成时就开始翻脚,翻脚快完成时就开始蹬夹,在蹬夹的开始阶段继续完成翻脚。收、翻、蹬夹三个动作紧紧相连,一环扣一环,形成一个连贯圆滑的鞭状动作。

3.蹬夹

蹬夹动作(图 2-1-3)是推动身体前进的重要动力来源。蹬夹动作的推进效果主要取决于蹬夹时腿的运动方向、对水面的大小及运动速度。

蹬夹动作在翻脚即将完成时就已开始。由于翻脚动作的惯性,脚在后蹬的开始阶段是继续向外运动,完成充分的翻脚。随后,由腰腹和大腿同时发力,依次伸展下肢各关节,两脚转为向后向内运动并稍下压,直至两腿蹬直并拢,完成弧形的鞭状蹬夹。

图 2-1-3

蹬夹过程中脚相对于游泳者有着自身的动作路线。可以看出，蹬夹动作是“蹬”与“夹”的结合，两腿是边后蹬边内夹，当两腿蹬直时两膝也已并拢了。既不是完全向后蹬，也不是向外蹬直了再内夹并腿。蹬夹时，下肢各关节的伸展顺序是保持最大对水面积的决定因素。正确的顺序是：先伸髋关节，后伸膝关节，最后伸踝关节，直至两腿伸直并拢。蹬夹开始时，主要是大腿向后运动，膝关节不宜过早伸展，以使小腿尽量保持垂直对水的有利姿势，避免出现小腿向下打水的错误。在蹬夹过程中，脚应保持勾脚外翻姿势；在蹬夹将近结束时，脚掌才内旋伸直，完成最后的鞭水动作。如果先伸踝关节，则会破坏翻脚所形成的良好对水面，出现用脚尖蹬水的错误。

在蹬夹过程中，脚相对于静止的水的运动轨迹是一条复杂的三维曲线，既有向后的运动，又有向外、向内、向下的运动。水对腿部动作的反作用力由蹬腿升力和蹬腿阻力构成。在蹬夹过程中，蹬腿升力起着重要的推进作用。但由于小腿和脚的内侧面是向后对水，且相对于自身来说腿部向后运动的幅度较大，故蹬腿阻力对推进力的贡献更大些。这就要求大腿内收肌群在蹬夹过程中积极工作，限制腿脚过分外张，以保证蹬夹方向主要向后。

升力和阻力都与速度的平方成正比，蹬夹动作的速度越快，产生的推进力就越大。因此，蹬夹时要充分发挥腿部肌肉的力量，逐渐加速。蹬夹开始时，动作应比较柔和，而最后伸直小腿和脚掌的动作则要快速有力。

4.滑行

蹬夹结束后，腿处于较低的位置，脚距离水面约为 30～40 厘米。此时两腿伸直并拢，腰、腹、臀及腿部的肌肉保持适度紧张，使身体呈流线型向前滑行，准备开始下一个腿部动作周期。滑行中，要注意保持两腿较高的位置，减少滑行时的阻力（图 2-1-4）。

图 2-1-4

（三）臂部技术

蛙泳的手臂动作是推动身体前进的重要因素，现代蛙泳尤其重视发挥手臂划水的作用。游蛙泳时，整个手臂动作都在水下完成。对于游泳者自身来说，手的划水路线近似于两个相对的“桃心形”。即两手从“桃心”的尖顶开始，不停顿地划动一周回到尖顶。为便于分析，把蛙泳的一个划水动作分为外划、下划、内划、前伸 4 个紧紧相连的动作阶段。

1.外划

外划是从两臂前伸并拢、掌心向下的滑行姿势开始的。外划时两臂内旋（图 2-1-5），两手掌心转向外斜下方，略屈腕，两臂向外横向划动至两手间距离约为两倍肩宽处（图 2-1-6）。外划的动作速度较慢。

图 2-1-5

图 2-1-6

2.下划

手臂在继续外划的同时(图 2-1-7),前臂稍外旋,肘关节开始弯曲,转腕使掌心转为朝后下方,以肘关节为轴,手和前臂加速向下、向后划动。在下划的过程中,手和前臂的运动速度快,幅度大,而上臂的移动不多,前臂与上臂之间的夹角迅速缩小。下划结束时,肘关节明显高于手和前臂,手和前臂接近垂直于游进方向,肘关节约屈成 130°角。

图 2-1-7

3.内划

内划(图 2-1-8)是手臂划水产生推进力的主要阶段。随着下划的结束,掌心迅速转向内后方,手臂加速由外向内并稍向后横向划动,屈肘程度进一步加大,肘关节也同时向下、向后、向内收夹至胸部侧下方。两手划至胸前时几乎靠在一起。

图 2-1-8

4.前伸

当内划接近完成时，两手在继续向内、向上划动的过程中逐渐转为向上、向前弧形运动至颌下（图 2-1-9）。此时两手靠拢，两掌逐渐转向下，手指朝前。接着，肘关节不停顿地沿平滑的弧线前移，推动两手贴近水面向前伸出。与此同时，迅速低头，将头夹于两臂之间。伸臂动作完成时，两臂伸直并拢，充分伸肩，两手掌心向下，呈良好的流线型向前滑行。实际上，蛙泳时手相对于静止的水的运动轨迹是一条复杂的三维曲线。手在划水时并没有大幅度的向后的运动，而主要表现为明显的横向和上下方向的运动，好像是手握着一个固定的把手将身体拉引向前。但由于屈腕动作，手掌平面与划动方向约成 40°的迎角，所产生的划水升力起着推动身体前进的作用。手臂向下、向后的划动不仅为强有力的内划做好了准备，还可以产生升、阻力并重的推进力推动身体前进。内划阶段手臂的对水面大，手掌平面与手的划动方向约成 30°～40°的迎角，水的反作用力以划水升力为主。此时胸背部和肩带的肌群亦处于收缩发力的最有利部位，两臂的向内划动可以有很大的加速度。所以

图 2-1-9

内划阶段是蛙泳手臂划水产生推进力推动身体前进的主要阶段。

蛙泳臂划水动作的各个阶段是紧密地连接在一起的，整个动作要连贯圆滑，由慢到快，加速进行。对于初学者来说，尤其应注意在内划结束转前伸时，手臂不能停顿。

(四)完整配合技术

蛙泳是臂、腿交替做动作推动身体前进的，其配合技术比较复杂，是学习蛙泳的一个难点。配合不协调，会直接影响臂、腿的动作效果和游进速度的均匀性。正常蛙泳一般是采用 1∶1∶1 的配合技术，即在一个完整动作周期中，蹬夹 1 次，划臂 1 次，呼吸 1 次。配合游时应在充分发挥臂、腿力量的基础上，努力做到协调、连贯、有节奏，尽量保持匀速前进。

图 2-1-10

图 2-1-11

图 2-1-12

1.呼吸与臂的配合

蛙泳的呼吸是和手臂的划水动作紧紧结合在一起的，主要有“早吸气”和“晚吸气”两种类型。

（1）早吸气配合技术：两臂开始外划时，颈后肌收缩，开始向上抬头，下颌前伸，使口露出水面将气吐尽；在两臂下划和内划的过程中吸气；两臂前伸时低头闭气；滑行时在水中呼气。这种呼吸方式利用了划水开始阶段手臂向外、向下划动所产生的向上的反作用力，使头部比较容易抬出水面，整个呼气和吸气的时间较长，动作比较从容。早吸气配合技术比较适合于初学者采用。

（2）晚吸气配合技术：晚吸气配合技术没有明显的抬头和前伸下下颌的动作。在两臂外划和下划时，身体仍保持较平直的流线型姿势；在两臂内划的过程中，随着头、肩的上升，口露出水面将气吐尽；内划结束，头、肩向前上方升至最高位置时快速吸气；两臂前伸时迅速低头闭气；滑行时向水中呼气。这种呼吸方式有利于减小水的阻力，同时有利于更好地发挥手臂划水的力量，动作紧凑连贯，前进速度均匀。运动水平较高者一般都采用晚吸气配合技术。但晚吸气配合技术的吸气时间较短，初学者不容易掌握。

2.臂与腿的配合

蛙泳臂和腿的配合是一种交替进行的稍有重叠的技术。两臂外划和下划时，两腿保持稍紧张的伸直姿势；两臂内划时，两腿放松，两膝下沉，开始收腿；两臂开始前伸时，迅速完成收腿并做好翻脚动作；

两臂接近伸直时，开始向后快速蹬夹；蹬夹结束后，全身伸直成良好的流线型向前滑行。

目前，优秀蛙泳运动员在距离较短的比赛中，一般都不做或只做很短的滑行。蹬夹动作刚结束，两臂就紧接着开始外划，甚至在两腿的蹬夹动作尚未结束时，两臂就已开始外划，当蹬夹结束时两臂正好开始做下划的动作。这种配合技术，动作紧凑连贯，频率高，臂、腿动作产生的推进力紧密衔接，动作周期间的减速不明显，因而游进速度均匀，有利于提高运动成绩。

但对初学者来说，蹬夹后的滑行具有十分重要的作用。只有在待滑行的从容游进中，才能掌握配合技术的要领，形成正确的动作节奏。初学者可以经常做长滑行计动作次数的游进练习来检验自己臂、腿动作的效果。

第二节　爬泳技术

一、爬泳技术的发展演变

爬泳是一种古老的游泳姿势。古代人类所采用的泅水姿势中就有很多类似于爬泳的动作。在法国卢浮宫里保存的公元前 570 年的一个古希腊长颈双耳瓶上，可以见到栩栩如生的类似于爬泳的图案。

19 世纪早期的游泳比赛是不区分泳式的，运动员们大多游的是蛙泳。为了游得更快而能在比赛中取胜，人们不断地尝试着各种各样的游泳技术。首先，人们发现身体侧卧可以减小水的阻力，于是出现了两臂都在水下划水和前伸的侧泳，后来发展为有一臂划水后提出水面经空中前移配合剪腿动作的侧泳。

1860 年前后，英国人约翰·特拉金在南美洲西印度群岛旅行时发现了当地人游泳采用的大爬式划水技术。1873 年他回到英国，采用两臂轮流划水后提出水面经空中前移配合蛙式蹬腿的技术参加比赛。这种大爬式技术大大提高了当时游泳的速度，被称作“特拉金式”。

对爬泳技术变革作出重大贡献的是澳大利亚人卡维尔。他原是英国的一位著名蛙泳运动员，1879 年移居澳大利亚后，从海岛土著居民处学到一种极富特色的上下打腿技术并开始教授这种全新的泳式。1902 年，卡维尔的一个儿子理查德回到英国，以 58 秒 60 的成绩游完 100 码，轰动了欧洲泳坛。卡维尔所教授的两臂轮流划水后经空中前移配合两腿上下交替打水的技术，奠定了现代爬泳技术的基础。

此后，来自夏威夷的美国运动员杜克·卡哈纳莫库以一个动作周期中 6 次振动打腿的技术，先后摘取了 1912 年和 1920 年两届奥运会 100 米自由泳比赛的桂冠。在 1924 年的奥运会上，美国运动员约翰·韦斯穆勒以船形身体姿势、6 次打腿的爬泳技术获得 3 枚自由泳项目金牌。他在 1928 年的奥运会上再次夺得 2 枚自由泳项目金牌。韦斯穆勒的技术在很长的一段时间内被公认为是爬泳技术的典范。

20 世纪 40 年代以后，人们进一步加强了手臂划水的力量，强调屈臂高肘划水，使臂的动作成为爬泳推进力的主要来源。腿部技术又先后出现了 4 次打腿、2 次打腿、交叉打腿及拖腿等规则或不规则打腿形式，形成了许多不同风格的技术流派。采用不同打腿配合技术的运动员都先后创造过许多好成绩。例如，在 20 世纪 70 年代初期，澳大利亚女子运动员古尔德曾采用 2 次打腿的配合技术创造过从 100 米到 1500 米全部自由泳项目的世界纪录。不久，民主德国女子运动员恩德尔采用 6 次打腿的配合技术又刷新了全部纪录。

我国的爬泳运动发展不均衡。短距离项目水平较高，中长距离项目与世界先进水平的差距较大。在 20 世纪 50 年代末和 60 年代初，我国男子 100 米自由泳的成绩曾经达到相当于当时世界第六名的水平。在 1988 年第三届亚洲游泳锦标赛上，我国优秀运动员杨文意以 24 秒 98 的成绩打破了女子 50 米自由泳的世界纪录，成为我国女子第一个创造游泳世界纪录的运动员。这一成绩的取得，标志着我国爬泳运动水平的发展进入了一个新的阶段。

在 1991 年第六届世界游泳锦标赛上，我国运动员庄泳在激烈的竞争中夺得了女子 50 米自由泳的金牌。在 1992 年第二十五届奥运会上，我国运动员杨文意、庄泳分别摘取了女子 50 米自由泳和 100 米自由泳的桂冠，杨文意还改写了女子 50 米自由泳的世界纪录。在 1994 年第七届世界游泳锦标赛上，我国运动员创下了女子 50 米自由泳、100 米自由泳和 4×100 米自由泳接力的世界新纪录。在 1996 年第二十四届奥运会上，我国女子运动员乐靖宜摘取了 100 米自由泳的桂冠。在 1998 年第八届世界游泳锦标赛上，我国运动员陈妍获得女子 400 米自由泳的金牌；在 1999 年第四届世界短池游泳锦标赛上，我国运动员陈桦获得女子 800 米自由泳的金牌，标志着我国中长距离自由泳项目的崛起。

在 2006 年多哈亚运会上，我国的自由泳运动员表现突出，陈祚以 49 秒 06 打破自己保持的亚运会男子 100 米自由泳纪录，徐妍玮发挥出色，分别以 25 秒 23 和 55 秒 02 夺得女子自由泳 50 米、100 米冠军。这些成绩表明，目前我国的自由泳运动已达到世界先进水平，尤其是女子短距离自由泳已经成为我国竞技游泳的优势项目。

现代爬泳技术的特点是，身体位置高平，流线型好，屈臂高肘沿 S 形路线划水，充分发挥手臂划水的作用，动作频率高，游进速度均匀。

二、爬泳技术分析

（一）身体姿势

游爬泳时，身体几乎水平地俯卧水中，躯干肌适度紧张，身体自然伸展成流线型（图 2-2-1），身体纵轴与水平面约成 3°～5°的迎角。头部保持自然稍后屈的姿势，水面齐发际，两眼注视前下方。

图 2-2-1

游爬泳时，要注意避免过于挺胸抬头或含胸低头的错误。过于挺胸抬头会出现背弓，造成臀部和下肢下沉，使身体在游进方向上的截面增大，从而使游进阻力增大。而含胸低头则会使头、肩过于沉入水中，不仅容易造成屈髋打腿，增加转头吸气的困难，而且破坏了身体的流线型，影响游进速度。

在游进中，由于划臂、打腿和转头吸气的需要，身体会围绕纵轴有节奏地左右转动。转动的角度，即两肩横轴与水平面的夹角，为 35°～45°。向非吸气侧的转动比向吸气侧的转动少 10°～15°。身体绕纵轴的合理转动有以下几方面的作用：

（1）有利于完成手臂的出水和空中移臂动作，缩短移臂的转动半径，减小移臂动作造成的身体侧向摆动。

（2）有利于另一臂在水下更有效地划水，使手臂的划水路线比较靠近沿身体纵轴的纵切面。

（3）有利于完成转头吸气动作。

（4）由于臀部随身体的转动所产生的轻微侧向打腿动作，抵消了移臂时身体侧向摆动的趋势，有利于维持身体的平衡，使身体保持流线型。

（二）腿部技术

爬泳的打腿动作不仅能抬高下肢位置，维持身体平衡，使身体保持流线型以减小游进阻力，还能起到配合两臂协调用力的作用。此外，打腿动作还能提供一定的推进力。实践证明，如果打腿技术不好或完全拖在后面不动，就不容易维持身体平衡，容易造成腿部下沉或侧向偏离，产生大的阻力，影响游进速度。

爬泳的打腿是两腿交替进行的，以髋、膝、踝三个关节为支点的多关节运动，即以髋关节为轴，大腿发力，通过膝关节带动小腿和脚掌上下鞭状打水。踝关节的灵活性对打腿动作的实效有很大的影响。打腿时，腿要稍内旋，踝关节要自然放松，脚掌伸直并略内转，使脚背形成良好的对水面。

爬泳的打腿基本上是在纵切面上绕横轴进行的，左右两腿的动作一样，由向上打水和向下打水两个阶段构成。

1.向上打水

向上打水开始时，大腿带动小腿和脚直膝上抬，踝关节自然放松（图 2-2-2）。当脚跟抬到与臀部基本处于同一水平面时，大腿停止上移而转为开始向下运动，但小腿和脚由于惯性作用而继续上移。向上打水结束时，脚跟接近水面，膝关节弯曲形成约160°角。

图 2-2-2

2.向下打水

随着屈髋程度的加大，大腿继续发力下压，带动小腿和脚掌向下打水，膝关节逐渐伸直（图 2-2-3）。此时，水的阻力使踝关节跖屈、脚掌内转，形成一个良好的对水面。当大腿下压至膝关节略低于髋部水平时即停止下移而转为上抬。此时股四头肌用力收缩，使膝关节迅速伸直，小腿和脚继续向下加速运动，完成最后的鞭打动作。向下打水结束时，脚离水面约 30～35 厘米。接着大腿又带动小腿和脚直膝上抬，开始下一个打腿动作周期。

图 2-2-3

打腿的幅度，即两脚尖在上下方向的垂直距离，为 30～40 厘米。打腿时，大腿的上抬和下压应始终领先于小腿和脚的上抬和下打，这是做好鞭状动作的关键。无论是快打腿还是慢打腿，直腿上抬和屈膝下鞭的动作都要有鲜明的节奏。

在打腿的一个动作周期中，向上打水阶段水的反作用力朝下，向下打水的后段水的反作用力朝上，此时的腿部动作基本上不起推进作用。但在向下打水的开始阶段，脚的运动方向基本向下，再加上脚掌平面与脚运动方向形成约 40°的迎角，可以产生较大的打腿升力，起到一定的推进作用。由于只在向下打水的开始阶段推进效果较好，故打腿动作不宜太深。

（三）臂部技术

爬泳两臂的划水是推动身体前进的主要动力（图 2-2-4）。爬泳臂的一个划水周期可以分为入水、划水（抓水、拉水、推水）、出水和空中移臂等几个动作阶段。

图 2-2-4

1.入水

图 2-2-5

手臂入水时，手指自然伸直并拢，臂稍内旋，肘关节微屈并高于手，掌心朝外斜下方，使手掌与水平面成30°～40°角，以拇指领先斜插切入水中(图2-2-5)。手的入水点在头前身体中线与同侧肩的延长线(通过肩关节与身体纵轴平行的直线)之间。臂入水的顺序是手—前臂—上臂。这样入水可以减小水对手臂的阻力，并为后面的抓水创造有利条件。

不正确的入水动作对游进速度有很大的影响。入水时，如果屈腕勾手，则会增大手的入水截面，造成掌背正对迎面水流，使阻力增大。入水点若超过身体中线，则手臂开始划水时所产生的反作用力会造成身体侧向摆动，破坏身体的流线型。入水点若过于偏外，则会缩短划水路线，降低划水动作的实效。入水点若太近，则手臂在水下前伸的距离势必增长，会增大阻力而降低游进速度。此外，入水动作过猛、直臂拍水等，都会造成身体不必要的上下起伏，增大波浪阻力。

2.划水

划水(图2-2-6)是指手臂从入水结束到提肘出水前在水下的整个动作过程，可划分为抓水、拉水、推水三个阶段。对于游泳者自身来说，爬泳时手在水下的划水路线是一条稍微弯曲的"S"形。

图2-2-6

(1)抓水：手入水后，手腕自然伸直，掌心转向下，手臂在水面下积极前伸，充分拉开肩带肌肉以延长划水距离(图2-2-7)。当手臂接近完全伸直时，手腕向下弯曲，同时开始屈肘，形成肘关节高于前臂和手的姿势，好像是伸臂去抱住一个圆桶，将自己的身体拉引向前。抓水完成时，上臂与水平面约成20°角，肘关节屈成约160°角。

图 2-2-7

手臂入水后强有力的抓水动作，不仅能起一定的推进作用，更重要的是为了使手和前臂以较大的截面对水，为后面的拉水和推水创造有利的条件。但在整个划水动作周期中，它又是相对放松和较慢的部分。做抓水动作时，应避免手过快地滑下或向外滑开。

（2）拉水：拉水是指手臂从抓水结束处划至肩的横切面这一阶段（图 2-2-8）。拉水应紧接着抓水进行，中间不能停顿。根据拉水时手臂的主要运动方向，又可以把拉水分为“下划”和“内划”两个紧紧相连的环节。“下划”开始时，手臂继续向下并稍向外划动，手掌稍内旋对着后下方，肘关节继续弯曲，使手和前臂逐渐加速向下划动。

图 2-2-8

在这一阶段，手主要向下运动，不要过分强调外划。实际上，手的外划是同侧肩向下转动而自然形成的。

当手向下划至最低点时即转为“内划”，掌心转为朝着内后方，手从肩的垂直面外侧向内、向上、向后加速划至胸部下方接近或略超过身体中线处，肘关节弯曲至 90°～120°角（图 2-2-9）。

图 2-2-9

（3）推水：当手臂拉水至肩下时，即转入推水阶段（图 2-2-10）。推水应紧接着拉水进行，中间不能停顿。推水的前半部分，掌心转为朝外后方，手掌几乎直接由胸下向腰下划动。这一阶段的划水，上臂向后移动的速度比前臂和手掌快，肘关节边向后边和体侧靠近，使前臂和手掌基本保持着垂直向后的有利姿势。当手划过髋部时，肘关节迅速伸展，腕关节稍放松，手掌与前臂形成 200°～220°角，掌心转为朝外上后方，手掌保持着良好的对水面，加速向外、向上并向后划动，直至划近大腿侧下方。

图 2-2-10

推水是划水全程中发挥力量最大、推进效果最好的阶段。这一阶段，应注意避免直接向后或直接向上划水的错误。手掌若直接向后划水会使划水路线缩短，无法利用到划水升力，会降低推进作用。手掌若在推水的后半段直接向上朝水面划水，水的反作用力会使臀部下沉，加大身体的上下起伏，增大水的阻力，降低游进速度。

在一个完整的划水过程中，手臂在肩前、肩后的动作形式是相反的。拉水时，手臂外旋，肘关节逐渐弯曲，手和前臂的运动领先于上臂；推水时，手臂内旋，肘关节逐渐伸展，上臂的运动领先于手和前臂。从抓水、拉水到推水，要连贯进行，逐渐加速，中间不能停顿，在推水接近结束时手达到最高速度。

在爬泳整个水下划水过程中，手相对于静止的水的运动轨迹实际上是一条复杂的三维曲线，在横切面、纵切面及水平面上均呈现不同的形状。在划水过程中要不断地调整手掌方向，使手掌平面在不同阶段都能与手的运动方向形成合适的迎角，从而产生较大的推进力，推动身体向前快速游进。

3.出水

手掌划至大腿侧下方时，手臂在运动惯性的作用下很快接近水面，掌心逐渐转向大腿(图 2-2-11)。此时肩部三角肌收缩，手臂放松，微屈肘，由上臂带动肘部向外上方提拉，将前臂和手提出水面。手掌出水时小指侧向上，可以把阻力减到最低程度。整个出水动作应迅速、柔和、放松，手臂不要在体侧停顿。

图 2-2-11

在这一阶段应当注意避免掌心朝上直臂向上兜水。这种错误不仅会造成手臂出水困难，还会由于水的反作用力朝下而引起髋部下沉，增大游进阻力。

4.空中移臂

臂出水后应紧接着经空中前移，中间不能停顿(图 2-2-12)。移臂动作要自然放松，与身体的转动及另一臂的划水协调配合，尽量不破坏身体的流线型。

图 2-2-12

移臂的一般方式是“高肘移臂”。移臂开始时，肘关节微屈，手腕放松，掌心朝后上方，手掌接近水面，三角肌和斜方肌收缩，由上臂带动肘关节向前移动，前臂和手赶上肘部向前伸出，掌心转朝外斜下方准备入水。在移臂过程中，肘部应始终高于手和肩。

移臂时应注意避免宽平移臂的错误。手臂绕肩关节直臂宽平前摆的转动半径较大，因而具有较大的角动量。根据力学中的角动量守恒定律，宽平移臂动作势必引起腿部向相反方向运动以保持身体角动量恒定，从而造成身体明显的侧向摆动，使压差阻力增大，降低游进速度。

5.两臂的配合

爬泳两臂正确合理的配合是保持身体匀速前进的最重要条件。爬泳两臂的划水是交替进行的，可以产生比较均匀的推进力，减少了时快时慢耗费在加速度上的体力支出，这是爬泳比其他泳式游得快的一个重要原因。根据划水时两臂所处的相对位置，可以把爬泳两臂的配合大体上划分为前交叉、中交叉和后交叉三种形式。

“前交叉”是指当一臂入水时，另一臂处于肩前方与水平面成 30°角左右、刚进入拉水阶段的配合形式。这种配合形式，当一臂出水经空中前移时，另一臂正进行前伸抓水，比较容易维持身体平衡，有利于转头呼吸和掌握两臂交替的动作，所以较适合初学者采用。但因一臂空中移臂和入水时，划水臂尚未进入最有效的划水阶段，在这个两臂都不产生推进力的空隙，游进速度将会下降，影响速度的均匀性。

“中交叉”是指当一臂入水时，另一臂划至肩部下方，处于拉水结束推水开始的配合形式。这种配合形式可以使手臂在另一臂推水结束前就完成抓水，因而两臂的有效划水阶段略有重叠，从而能持续不断地产生推进力，保持身体匀速前进。

“后交叉”是指当一臂入水时，另一臂划至腹部下方与水平面成150°角左右、处于推水阶段的配合形式。这种配合形式，一臂提肘出水时，另一臂前伸抓水，两臂的交替比较连贯紧凑，两臂的有效划水阶段基本上能互相衔接，因而速度均匀性比“前交叉”好。但因抓水和拉水开始阶段产生的推进力不大，所以此间仍会出现一个短暂的减速，对游进速度有一定的影响，故推进效果不如“中交叉”。

除了以上三种有明显特征的两臂配合形式外，还有“中前交叉”和“中后交叉”相对比较合理。

（四）完整配合技术

爬泳中臂、腿、呼吸协调一致的配合，是保持游进速度均匀性的基本条件。由于手臂的动作是推进力的主要来源，因而呼吸及腿的动作都是紧紧围绕臂的动作进行的。正常爬泳，一般采用 6∶2∶1 的配合技术，即在一个完整动作周期中，打腿 6 次（左、右腿各 3 次），划水 2 次（左、右臂各 1 次），呼吸 1 次。

1.呼吸与臂的配合

游爬泳是随着两臂交替划水时躯干绕身体纵轴自然转动而侧转头吸气的（图 2-2-13）。一般是朝自己习惯的一侧转头，但最好能掌握向两侧轮流转头吸气的技术，以便在比赛中观察两侧的对手，同时也有利于平衡两臂的划水效果。

转头呼吸的方法是，吸气侧的手臂入水前伸时稍闭气；随着划水动作，用口、鼻在水中缓缓呼气；当该臂划至肩下开始推水时，随着身体往吸气侧的转动，头也开始往吸气侧转动加速呼气；当该臂提肘出水时身体转动达到最大程度，脸部侧对着水面，口处于由向前游进所产生的头波的波谷之中，此时迅速张口吸气；当手臂经空中前移超过肩部准备入水时，随着躯干的转动，转头还原使脸部浸入水中，开始下一个呼吸周期。

图 2-2-13

吸气时要注意，头应随着身体的转动而转动，不要向前向上抬头；转头的动作也不宜过大过猛，以免造成身体扭摆，破坏身体的流线型。

2.臂与腿的配合

以“中交叉”技术为例，采用 6∶2∶1 配合技术的爬泳。两腿的 6 次上抬下打，分别对应于两臂划水的三个环节。具体地说就是，一臂入水时，异侧腿做第一次下打；当手臂前伸抓水时，同侧腿做第二次下打；当手臂开始拉水时，异侧腿做第三次下打；当手臂开始推水时，同侧腿做第四次下打；当手臂推水结束时，异侧腿做第五次下打；当手臂出水经空中前移时，同侧腿做第六次下打。

除了 6∶2∶1 的配合技术外，在中长距离自由泳比赛中，运动员还常常采用 4∶2∶1，2∶2∶1 或交叉打腿的配合技术。这几种配合技术的打腿次数减少，降低了能量的消耗，有利于充分发挥臂划水的力量，加快划水频率。同一个运动员在比赛的不同阶段变换配合形式的情况也很常见。例如，途中游采用两次或四次打腿配合，终点冲刺则改用六次打腿配合；途中游采用划臂两次呼吸一次（一侧转头）或划臂三次呼吸一次（两侧转头），终点冲刺则减少呼吸次数甚至完全不呼吸。

第三节　仰泳技术

一、仰泳的技术发展演变

仰泳也是一种在人类游泳活动中出现较早的泳式(图 2-3-1)。人们在蛙泳或踩水时发现,只要把身体仰起来面朝上,臂、腿稍做动作就可以漂浮着游动和轻松地休息。在西藏日喀则扎什伦布寺的一幅明代妇女游泳的壁画中,可以看到一名女子正以舒展优美的仰泳姿势在水中嬉戏。国外在 18 世纪末也有了关于仰泳技术的记载。

图 2-3-1

竞技仰泳技术到了近代才逐渐发展和完善起来。早期的仰泳,两臂同时向后划水,两腿同时向后蹬夹水。因其动作类似于蛙泳,故称作"蛙式仰泳"或"反蛙泳"。18 世纪末,仰泳已较流行,但由于仰泳速度较慢,所以运动员在比赛中很少采用。在 1900 年第二届现代奥运会上增设了仰泳项目,但运动员采用的基本上都是反蛙泳技术。此后,随着上下鞭状打腿的爬泳技术的出现,仰泳技术逐渐发生了变化。在 1912 年第五届奥运会上,美国运动员哈里·赫布纳采用两腿交替上下打水、两臂轮流向后划水的"爬式仰泳"技术,以 1 分 21 秒的成绩获得了男子 100 米仰泳比赛的冠军。以此为标志,现代竞技仰泳技术基本形成。而"蛙式仰泳"则从竞技场中消失,只是作为一种实用游泳技术来使用了。

爬式仰泳诞生后,人们在很长的时间内一直推崇直臂划水技术,许多人实际上也一直采用直臂划水，手在水下几乎划了一个完全的半圆。20 世纪 50 年代中期，澳大利亚人发现手臂稍屈的划水动作可以产生较大的推进力。此后，仰泳运动员开始自觉地采用屈臂倒高肘沿平“S”形路线划水的技术。

我国的仰泳运动在新中国诞生后发展较快。1953 年，在罗马尼亚布加勒斯特举行的世界青年联欢节游泳比赛中，我国优秀运动员吴传玉以 1 分 08 秒 4 的优异成绩，夺得了男子 100 米仰泳冠军。这是我国运动员在世界比赛中取得的第一个冠军。但在此后，我国仰泳长期处于落后状态，直到 20 世纪 90 年代以后，才有了可喜的进步。我国优秀运动员贺慈红在 1994 年第七届世界游泳锦标赛上取得了女子 100 米仰泳和 200 米仰泳两项冠军，并以 1 分 00 秒 15 的成绩创造了当时女子 100 米仰泳的世界纪录。

现代仰泳技术的特点是，身体位置高平，头部稳定，躯干绕纵轴转动较明显；采用垂直高移臂，臂入水时充分拉开肩带肌，入水点远；屈臂倒高肘，手沿平“S”形路线划动，划水路线长，划水较深，两臂快速连贯交替；两腿做强而有力的六次鞭状打腿。

二、仰泳的技术分析

（一）身体姿势

图 2-3-2

游仰泳时，身体自然伸展近乎平直地仰卧水中（图 2-3-2）；身体头和肩部略高于臀部，胸部在游进时正好位于水面，腹部和两腿保持在水面下 5～10 厘米，身体纵级轴与水平面约成 5°～10°的迎角。这和流线型姿势，既能有效地减小游进时的水阻力，又能充分发挥腿部动作的推进作用。

游仰泳时，头部姿势是使身体保持流线型的关键(图 2-3-3)。要求颈部自然伸直，下颌略收，后脑浸入水中，水面平耳际，脸露出水面；两眼看后上方，视线与水平面约成 45°角，两眼余光可见脚打出的水花。头部在游进中要保持相对稳定，不要上下左右晃动。过于低头会造成含胸屈髋，形成“坐着游”的姿势，不仅无法充分发挥臂、腿大肌群的力量，还会由于臀部下沉增大身体在游进方向上的投影截面，从而产生较大的水阻力。过于仰头则会导致背弓，使肩部没入水中，从而加大水阻力并影响空中移臂和呼吸动作，同时还会抬高下肢位置，造成向上踢水时膝盖露出水面而降低了打腿动作的效果。

游仰泳时，躯干会随着两臂轮流划水的动作而绕身体纵轴左右转动。当手臂出水经空中前移时；同侧肩转出水面；当手臂入水时，同侧肩转入水中，再成 30°～45°角。髋部和腿部也应当随着肩的转动而适当转动，但幅度不宜过大。

图 2-3-3

游仰泳时躯干的转动有以下作用：

(1)臂出水经空中前移时，同侧肩部转出水面，可以减少肩部所受到的水阻力，有利于完成手臂的出水和空中前移动作。

(2)躯干转动可以使划水的手臂达到一定的深度以形成良好的屈臂倒高肘姿势，缩短划水时的力臂，使划水臂与躯干保持较好的角度，从而有利于充分发挥肩带和胸背部大肌群的作用，增大手臂划水的力量。

(3)躯干转动造成两腿适当地侧向打水，有助于抵消手臂在体侧划水时身体侧向摆动的趋势；从而可以使身体保持良好的姿势，直线向前游进。

仰泳时躯干的转动因人而异。一般来说，肩关节灵活性好的转动可小些，肩关节灵活性差的转动应大些。应注意转动幅度不宜太大，躯干转动过大，必然会消耗过多的体力，还会引起髋部明显的转动和腿部的左右摆动，从而降低腿部动作的效果。

(二)腿部技术

仰泳的腿部动作不仅有助于使腿部保持较高的位置，维持身体平衡，减小身体的侧向摆动，形成流线型身体姿势以减小水阻力，还可以产生较大的推进力来推动身体前进。

仰泳的腿部动作与爬泳的腿部动作基本相同，只是卧水姿势不同，打腿方向相反。由于游仰泳时腿的位置较低，所以两腿的打水动作较深，打腿的幅度和屈膝的程度都略大于爬泳。确切地说，仰泳的腿部动作是以髋关节为轴，大腿发力，通过膝关节带动小腿和脚有节奏地做上下交替打水。可以用“屈膝上踢、直腿下压”来形容仰泳腿部动作的过程。

1.向下打水

向下打水动作是从腿向上打水至最高点接近水面处开始的(图 2-3-4)。下打时以髋关节为轴，通过臀部和大腿后侧肌群的收缩，由大腿带动小腿和脚向下运动。在下打阶段的前三分之二，膝关节应伸直，踝关节应自然放松，脚掌与水平面约成 45°角。当直腿下压至脚低于臀部水平时，大腿停止下压并转为上抬，小腿和脚则由于惯性作用而继续向下运动，完成后三分之一的下压动作。此时膝关节逐渐弯曲。脚下压至最低点时，约在水面下 45 厘米深处，膝关节屈成 135°～145°角，小腿与

图 2-3-4

水平面构成35°～45°角。这种由大腿、小腿和脚依次向下的链状动作，通常也称作“下鞭”。

2.向上打水

随着大腿、小腿和脚依次结束向下的动作，腿的上踢动作紧接着就开始了（图2-3-5）。此时髂腰肌、股四头肌等肌群用力收缩，大腿继续上移，带动小腿和脚向上加速打水。当大腿上打至膝盖接近水面时，就应及时制动并转为下压。此时由于股四头肌强有力的收缩促使膝关节迅速伸直，小腿和脚加速上踢完成最后的鞭打抖踝动作，脚踢出水花。上踢结束时，腿部完全伸直，脚尖稍低于水面。紧接着又开始另一个打腿动作周期。这种由大腿、小腿和脚依次向上的链状动作，通常也称作“上鞭”。

图2-3-5

腿的下压是打腿的恢复过程，可以使腿从一个有利的位置开始做强有力的上踢动作。在做下压动作时，脚相对于静水是向下、向前运动，由打水升力和打水阻力所形成的反作用力朝后上方，不起推进作用。但水的反作用力向上的分量可以使臀部和大腿处于较高的位置，有助于保持身体的流线型。

做向上打水动作时，主观感觉是向后方踢水，但由于打腿时人体不断向前移动，所以脚相对于静水实际上几乎是垂直向上运动，所产生的打水升力和打水阻力可以形成一个基本向前的反作用力，推动人体向前运动。

踝关节的灵活性对上踢动作的效果有很大的影响。如果踝关节灵活而放松，在上踢过程中能保持稍内旋并充分跖屈的姿势，则可以使脚掌平面与脚的运动方向形成一个合适的迎角，从而产生一个较大的垂直于脚运动方向的打水升力。如果踝关节柔韧性差，脚掌平面与脚运动方向形成的迎角过大，接近于 90°，则上踢动作主要产生向下的打水阻力，推进效果差。增大屈膝的程度虽然也可以减小脚掌对水的迎角，但过分屈膝会使小腿受到更大的水阻力。因此，仰泳腿部动作效果的提高应依赖于踝关节灵活性的提高。

仰泳鞭状打腿的动作要有鲜明的节奏，一腿下压时，另一腿上踢。两腿上踢下压的幅度约为 45 厘米。下压动作要相对柔和放松，上踢动作则要用力加速完成。上踢时应注意不能使膝和脚露出水面，否则会影响打腿效果。

（三）臂部技术

仰泳时手臂的划水是推动身体前进的主要因素。可以将仰泳的手臂的一个完整动作周期分为入水、划水、出水、空中移臂和两臂配合五个紧密相连的动作阶段。

1.入水

仰泳手臂的入水，应借助空中移臂的惯性进行（图 2-3-6）。入水时手臂伸直，自然放松，手臂内旋使掌心朝向外侧，手掌在腕关节处内收，使手与前臂形成 150°～160°的角度，以小指领先在肩的延长线（通过肩关节与纵轴平行的直线）前端切入水中。这种入水方式可以将手臂在入水时的挡水面控制在最小范围内，从而达到减小入水阻力的目的，同时，也有利于完成接下来的抓水动作。

图 2-3-6

入水动作正确与否对游进速度有很大的影响。手臂入水时不应过于偏离肩的延长线。入水点过于偏外会缩短划水路线，降低划水动作的推进作用，同时会增大水的阻力。入水点过于偏内，严重时超过了身体中线摆向异侧肩，会造成手臂划水开始阶段出现明显的“侧向划水”，引起身体左右摇摆，破坏身体的流线型，使游进阻力增大。入水的另一个常见错误是用手背拍击水面。这不仅会使手臂本身受到较大的阻滞，不能顺利地做好后继的抓水动作，还会增大手臂的挡水面，掀起较大的波浪，并造成头部的上下起伏，从而增大游进的水阻力。

2.划水

仰泳时身体呈仰卧姿势(图 2-3-7)，由于肩关节结构的限制，手臂划水只能在侧面进行，不利于肌肉力量的发挥，而且由于侧面划水时手臂阻力点离身体纵轴较远，容易引起身体的侧向摆动，所以手臂的划水既要考虑充分发挥肌肉力量以产生大的推进力，又要考虑尽量减小其使身体侧摆的作用。由于在划水过程中躯干绕纵轴的合理转动及手臂由伸到屈又由屈到伸的动作，使手在划水的不同阶段处于不同的深度。对于静水来说，手的运动轨迹是一条复杂的三维曲线。而对于游泳者自身来说，手的划水路线在纵切面上近似于一个平放着的前浅后深的“S”形，主要表现为前端的下划、中部的上划和后部的下划三个连贯的阶段，可将其分别称为抓水、拉水和推水。

图 2-3-7

(1)抓水：手臂入水后，应借助动作的惯性继续伸肩前移，同时随着躯干向同侧的转动直臂向下向外划动(图 2-3-8)。随后开始屈腕、屈肘，使掌心逐渐转为朝着外下后方。完成抓水动作时，躯干朝着划水臂方向转至最大幅度，手掌在水面下 30～40 厘米处，肘关节屈至 150°～160°角。

图 2-3-8

抓水主要是为后面的“拉水”和“推水”做准备。正确做好抓水动作，能使肩带肌、胸大肌、背阔肌等适度拉长，增大肌肉的初长度，有利于增大划水力量。抓水动作不充分，就会因过早划水而造成侧向划水或划空现象。如果手臂入水后没有向下向外划动屈腕抓水，而是立即屈臂沉肘直接向后划水，则会增大手臂在前进方向上的挡水面，增大水的阻力。

(2)拉水：在抓水的基础上，前臂内旋，手掌上翻使掌心朝向后上方，肘部下降并进一步屈肘，手掌和前臂向后向上向内划动(图 2-3-9)。在这个上臂带动前臂和手掌向后上方“拉水”的过程中，手掌和前臂运动的速度比上臂快。当手掌划至肩侧拉水阶段结束时，手掌、前臂和上臂同处于肩的横切面上，屈肘程度达到最大，上臂与前臂成 90°～110°角，手掌距水面 10～15 厘米，形成“倒高肘”的划水姿势。

图 2-3-9

(3)推水：在拉水的基础上，手掌、前臂和上臂几乎同时用力，使掌心对着后方，手沿着“S”形路线的顶部向后推水。接着，上臂和肘关节逐渐靠下，加速完成最后的转腕鞭状下压的动作。推水结束时，肘关节完全伸直，手掌划至大腿的侧下方，距水面 40～50 厘米。在这一阶段，为使手掌和前臂保持较好的对水面，上臂的运动应领先于前臂和手掌的运动。

抓水、拉水、推水三个阶段是紧紧连接在一起的，必须逐渐加速，中间不能有任何停顿。

为了提高手臂划水的推进效果，还要注意调整手腕的屈伸角度。在开始阶段手腕应微屈，成 150°～160°角；至中间部位时手腕应伸直；在推水时手腕要伸至 200°～220°角；推水结束时应屈腕下压。

实验证明，在仰泳划水的中间部分，当上臂与两肩连线所形成的角度小于 180°，约呈 150°角时，划水的力量最大。

3.出水

当手臂在做向下推压水动作时，躯干已开始回转(图 2-3-10)。随着划水臂最后的鞭状推压动作及另一臂的入水，躯干继续回转使划水臂的肩部转出水面。此时三角肌前部收缩，并借助手臂推压水所产生的反作用力向上的分量，将手臂按上臂、前臂和手的顺序依次提出水面。出水时手臂自然伸直，动作应迅速、轻松、自然。

图 2-3-10

臂出水时，手有三种姿势。第一种是在推压水结束后，臂自然伸直，略屈腕，以手背领先出水。这种方式动作放松，容易掌握，多为初学者采用，但出水时的阻力较大。第二种是在推压水结束后，手臂稍外旋，掌心转向内，以拇指领先出水。这种方式出水阻力小，动作也比较自然，为大多数运动员所采用。第三种是在推压水结束后，手臂充分内旋，掌心转向外，以小指领先出水。这种方式肩的位置比较高，出水阻力小，入水前不需再做臂内旋的动作，有些运动员也采用这种方式。但这种方式从出水到移臂肌肉都比较紧张，动作不够轻松自然。

4.空中移臂

手臂提出水面后，应以肩为轴，迅速沿着同侧肩的纵切面经空中向头前摆动(图 2-3-11)。移臂时，手臂应自然伸直，动作应轻快放松。如果是以手背或拇指领先出水，当手臂移过垂直部位后即开始内旋，将掌心转向外。入水前，肩关节应充分伸展，为入水动作做好准备。在移臂的过程中，应尽量向上顶肩，使肩部露出水面，以减少肩部受到的水阻力；手臂须始终与水平面保持垂直，任何偏离动作都会产生侧向分力使身体左右摇摆，同时也会直接影响后续的入水动作。

图 2-3-11

5.两臂的配合

仰泳两臂的配合是保持游进速度均匀的关键，以采用“连接式”技术为好。具体做法是，当一臂处于最后的向下转腕推压阶段时，另一臂正好以小指领先切入水中。一臂提肩出水时，另一臂正处于下划抓水的阶段。一臂经空中前移到垂直部位时，另一臂正处于划水的中间阶段。这样，两臂几乎始终处于相对的位置，像风车的翼一样不停地转动。“连接式”配合技术的特点是两臂连贯交替，动作协调，节奏明显。由于一臂结束划水动作开始上提时，另一臂已开始向下向外划动，所以两臂划水产生的推进力能紧密衔接，保证了游进速度的均匀性。

（四）完整配合技术

仰泳中臂、腿、呼吸协调一致的配合，对于保持良好的身体姿势与均匀游速有着极其重要的作用。正常仰泳，一般采用 6∶2∶1 的配合技术，即在一个完整动作周期中，打腿 6 次（左、右腿各 3 次），划水 2 次（左、右臂各 1 次），呼吸 1 次。

图 2-3-12

图 2-3-13

图 2-3-14

图 2-3-15

图 2-3-16

1.呼吸与臂的配合

游仰泳时，除出发和转身外，面部始终露在水面上，因而呼吸动作相对比较简单，但也要按严格的节奏进行，以保证提供最大的肺通气量使激烈的肌肉工作能持续进行，并使身体获得足够的浮力以保持良好的身体位置。

仰泳呼吸与臂配合的具体方法是，当一臂经空中前移时，用口深吸气；臂入水时吸气结束；在抓水阶段作短暂的闭气后，随划水的进行（此时另一臂正处于空中前移阶段）用口、鼻呼气，如此周而复始地进行。这种配合方式可以有效地控制呼吸节奏，既避免了因呼吸频率过快引起的动作紊乱，又保证了呼吸能够充分满足运动时氧的供应。

2.臂与腿的配合

两腿的 6 次上踢下压，分别对应于两臂划水的三个环节。具体地说就是，一臂抓水时，同侧腿上踢；当手臂向上划水形成“倒高肘”姿势拉至体侧时，异侧腿上踢；当手臂向下推压转腕鞭水时，同侧腿再次上踢。随着另一臂的划水，腿部继续完成一个动作周期中的另外3次打腿。

这种配合技术，有利于充分发挥臂划水的力量，并有利于提高身体位置，避免身体过分地转动和侧向摆动。例如，臂划水结束后从水下快速提出水面时，产生的向下的反作用力将促使身体下沉，而此时同侧腿下压动作所产生的向上的反作用力，正好抵消了提臂出水动作使身体下沉的作用力。

第四节　蝶泳技术

一、蝶泳技术的发展演变

蝶泳是最年轻的一种竞技泳式，它是在蛙泳动作的基础上发展演变而来的。1928年，在第九届阿姆斯特丹奥运会游泳比赛蛙泳赛程中，有个菲律宾运动员改变了当时流行的划水方式，采用了早期蛙泳两臂从前端一直划到大腿边再前伸的长划臂技术。尽管这种技术配合协调性差，游进速度不均匀，但这种提高蛙泳划水效果的初步尝试仍然给了各国运动员以一定的启示。

1933年12月，美国运动员亨利·米尔斯在布鲁克林青年总会游泳比赛中，首先采用了两臂从前端一直划到大腿边然后再提出水面经空中前摆插入水中的动作。1934年，苏联运动员乌瓦罗夫和弗拉基米罗夫在蛙泳比赛中接近转身和抵达终点时，也采用了两臂长划水后经空中前移的动作。这种技术通过加长划水路线，增大了划水动作的推进作用，还减小了两臂在水中前伸时所受到的水阻力，因而使成绩迅速提高。很快，这种技术就风行起来了。采用这种游法时，双腿仍做传统蛙泳的蹬夹动作。这就是蝶泳的雏形，称为“蝶式蛙泳”。1936年，国际业余游泳联合会做出决定，允许在蛙泳比赛中采用蝶式蛙泳动作。此后，越来越多的运动员接受了蝶式蛙泳。在1952年第十五届赫尔辛基奥运会200米蛙泳比赛中，运动员全都采用了蝶式蛙泳，传统蛙泳面临被淘汰的危险。

几乎在蝶式蛙泳出现的同时，一些教练员和运动员从海豚游泳的方式中得到启示，创造了一种令人耳目一新的模仿海豚躯干和尾鳍上下摆动的波浪式打水动作。1935 年，美国运动员杰克·西格将这种打腿动作与当时流行的蝶泳手臂动作结合起来，大大提高了蝶泳的游进速度，创造了 100 米 1 分 02 的成绩。于是，人们把这种上下打腿的蝶泳叫作"海豚泳"。但是由于当时游泳规则的限制，这种技术还不能在正式蛙泳比赛中采用。

出于保护传统蛙泳和进一步发展蝶泳的目的，1952 年第十五届奥运会后，国际业余游泳联合会通过决议，承认蝶泳为独立的泳式，将蝶泳和蛙泳分开比赛和记录成绩，并准许在蝶泳中做垂直面上两腿同时的上下打水动作。这就意味着在蝶泳中可以做海豚式打腿，从而为蝶泳的发展开通了新路。1953 年，匈牙利运动员 G.图姆佩克首先在比赛中采用了这种海豚式蝶泳，并取得了巨大的成功，连续 5 次创下蝶泳世界纪录。此后，海豚式蝶泳就迅速流行起来。

早期的海豚式蝶泳技术，躯干和腿有明显的大波浪动作，臂入水较深，前伸后有停顿，以腿为主，身体起伏较大，配合不太连贯。在 1956 年第十六届墨尔本奥运会上，美国运动员威·约济克采用身体较平稳、波浪动作小、两腿做不间断小波浪打水、以臂为主的技术，以 2 分 19 秒 30 的成绩获 200 米蝶泳冠军，从而使蝶泳技术进入了一个新的发展阶段。

20 世纪 50 年代后期，我国运动员王强立曾多次做过"潜水海豚泳"的尝试，即出发后在水下做海豚式打腿潜游 30～40 米，然后浮出水面转入正常蝶泳游进。这种技术的出现曾引起国际游泳界的惊奇。但由于该技术在水下潜游时间长，产生氧债过多，影响后半程的体力，故未被广泛接受。在此后，仍不断有运动员采用潜泳技术参加比赛。在 1996 年第二十六届亚特兰大奥运会上，俄罗斯选手潘克拉托夫就运用了这种技术并获得男子 100 米蝶泳冠军。1998 年，国际业余游泳联合会作出规定，将蝶泳出发和转身后在水下潜游的距离限制在了 15 米之内。

我国蝶泳运动水平提高很快。20 世纪 50 年代末 60 年代初，我国优秀运动员陈运鹏等人的蝶泳成绩就接近了当时的世界先进水平。1966年，我国男子运动员蒙荣乙的100米蝶泳成绩为59秒1，排当年世界第6位。在1992年第二十五届巴塞罗那奥运会上，我国优秀运动员钱红以58秒62的成绩获女子100米蝶泳金牌。我国优秀运动员刘黎敏在1994年第七届世界游泳锦标赛上，分别以58秒98和2分07秒25的成绩取得女子100米蝶泳和200米蝶泳两项金牌，在1997年第三届世界短池游泳锦标赛上夺得200米蝶泳桂冠。蝶泳目前已成为我国游泳的一个优势项目。

经过几十年的不断完善，现代蝶泳形成了身体姿势高平、小波浪、快频率、以两臂划水为主、在一个动作周期中划一次水打两次腿、配合协调连贯的动作特点。

二、蝶泳技术分析

（一）身体姿势

与其他泳式不同，蝶泳没有一个固定的身体姿势，头和躯干的相对位置在一个动作周期中不断地发生着变化，形成上下起伏的波浪状摆动（图2-4-1）。这种波浪状的身体姿势，是由于蝶泳臂、腿及呼吸的特殊技术而自然形成的，主要表现为头、肩、臀及腿部有节奏地上下波动。

图 2-4-1

两臂入水时，由于移臂动作的惯性，头、肩随之下潜；两臂外划抓水、两腿完成第一次向下打水时，由于水对腿的反作用力的作用，臀部向前、向上升至水面；两臂拉水，两腿上摆，开始抬头吸气时，头、肩升出水面而臀部略下沉；当两臂推水结束开始出水，两腿完成第二次向下打水时，臀部略为升高，身体保持着一个相对水平的姿势；当两臂经空中前移，两腿再次上摆时，臀部又略为下沉。可见，在一个动作周期中，随着臂的划水和呼吸动作，头、肩有一次上下波动；而随着腿部的两次打水动作，臀部有两次上下波动，一次大，一次小。

蝶泳身体各部位波浪式上下运动的幅度是不同的，肩部动作幅度较小，臀部动作幅度适中，大、小腿动作幅度逐渐加大，脚的动作幅度最大。身体这种自然的波浪状上下摆动，有利于手臂正确地划水，有利于两腿做强有力的鞭状打水，有利于臂、腿和呼吸的协调配合。它可以使身体始终保持较高的位置，形成良好的流线型。

蝶泳身体姿势的常见错误是波浪起伏过小或过大。造成头、肩起伏过小的原因通常是手臂入水时未及时低头下潜，而手臂一入水就开始下划，这将使手臂无法有效地划水，从而降低了臂部动作的推进作用。造成臀部起伏过小的原因通常是打腿幅度太小或动作不正确，臀部无法升至水面，因而身体位置始终很低，使水阻力增大。

身体起伏过大则往往是手臂入水时头、肩过于下潜或打腿太深、屈髋太多、臀部抬得过高造成的。起伏太大，会增大身体在游进方向上的投影截面，破坏相对水平的流线型姿势，使压差阻力和波浪阻力同时增大，造成游进速度的降低。对于初学者，尤应注意避免身体起伏太大的错误，不宜过分追求身体的波浪动作。

（二）躯干和腿部技术

蝶泳的海豚式打腿动作对于保持良好的身体姿势、形成身体自然的波浪式摆动，提供一定的推进力，有十分重要的作用。打腿动作是由腰部发力，通过髋关节、膝关节、踝关节依序传递，大腿带动小腿和脚掌像甩鞭子一样上下运动而形成的。与其他泳式不同，它不是单独的腿部动作，而是与躯干运动紧密联系在一起的。

打腿时，两腿自然并拢，两脚跟稍分开，脚掌稍内旋使两脚拇指靠拢，踝关节放松。脚的这种“内八字”姿势有利于增大脚掌打水时的对水面，提高打水效果。

海豚式打腿的一个动作周期可以分为向上打水和向下打水两个阶段。

1.向上打水

向上打水时，两腿伸直，两脚处于最低点，臀部上升至水面。此时，臀大肌收缩使髋关节展开，两腿上抬。在向上抬腿的过程中，膝关节和踝关节放松，水的阻力使两腿保持自然伸直的状态。向上抬腿的动作使臀部开始下沉。当两腿上抬到脚稍高于臀部水平时，大腿停止上移并转而向下运动，髋关节开始弯曲，小腿和脚则由于运动惯性而继续上抬，膝关节逐渐弯曲。向上打水阶段结束时，臀部下降到最低点，脚抬得接近水面，膝关节屈成 110°～130°角。

图 2-4-2

2.向下打水

向下打水时，踝关节放松，两脚在水的阻力作用下充分跖屈，使脚背保持良好的对水面状态。此时腰部发力，收腹提臀，髋关节继续弯曲，大腿加速下压，带动小腿和脚向下运动。在向下打水的过程中，膝关节开始伸直。当两腿下打至膝关节接近伸直时，大腿即停止下压并转而向上运动。此时股四头肌做强有力的收缩，促使膝关节迅速伸直，带动小腿和脚加速向下鞭打。当两脚下打至最低点时，膝关节完全伸直。向下打水的动作使臀部上升至水面，大腿与躯干约呈 160°角。至此完成一个海豚式打腿的完整动作，紧接着开始下

图 2-4-3

一个打腿动作周期。

在每个海豚式打腿动作周期中，大腿的上下运动应始终领先于小腿的运动。向上打水脚至最高点前大腿已开始下压；向下打水脚至最低点前大腿已开始上抬。这种鞭状的动作不仅能使腰和大腿所具有的较大的动量转移到远端，促使小腿和脚加速鞭打，而且能顺利完成打腿方向的转换，减少力量的损耗。

向上打水主要是为向下打水做准备，使双脚能从一个有利位置开始向下加鞭打。在向上打水的过程中，小腿和脚是向上、向前运动，水的反作用力向后下方，以阻力分量为主，基本不起推进作用。在向下打水的过程中，小腿和脚是向下、向后运动，水的反作用力朝着前上方，打水阻力和打水升力并重。向下打水不仅能提高臀部位置，还能起到一定的推进作用。所以，向上打水的动作应柔和些，而向下打水的动作则应快而有力，加速完成。通常，腿向下打水的速度应比向上抬腿快两倍多。

图 2-4-4

海豚式打腿动作的效果在很大程度上取决于踝关节的灵活性。如果在向下打水时踝关节不能充分跖屈，则脚背与打水方向近于垂直，打腿动作产生的反作用力主要由与脚运动方向相反的阻力分量构成，其效果是使臀部上抬，向前的推进作用很小。如果踝关节能充分跖屈，使脚背形成一个合适的迎角，则打腿动作产生的反作用力将主要由与脚运动方向垂直的升力分量构成，起到较大的推进作用。同样，如果在向上打水时踝关节没有自然放松，则阻力分量大，会造成臀部过分下沉，破坏身体的相对水平姿势，从而增大水阻力，降低游进速度。

初学海豚式打腿的另一常见错误是向上抬腿时屈膝上勾。由于大腿没有上抬而仍处于较深位置，小腿的上勾将增大身体在前进方向上的投影截面，从而增大水的阻力。

（三）臂部技术

蝶泳两臂的划水是推动身体前进的主要因素，所产生的推进力大于其他泳式，躯干和腿的波浪动作均服从于手臂的动作。它的特点是，两臂在肩前入水后，同时并对称地在身体下方向后划水，然后提出水面经空中前摆。我们可以将蝶泳臂的一个完整动作周期划分为入水、划水、出水和空中移臂四个紧紧相连的动作阶段。

1.入水

入水动作应借助空中移臂的惯性顺势完成。两臂入水时手指自然伸直并拢，臂稍内旋，肘关节稍屈并高于手，掌心朝外下方，手掌与水平面约呈45°角，以拇指领先，在肩的延长线（通过肩关节与纵轴平行的直线）前端切入水中。入水时两手的距离同肩宽，手臂是按手—前臂—上臂的顺序依次入水。

这种方式入水阻力小，通过入水后的伸肘动作，能使手和前臂迅速开始向外划动，有利于克服空中移臂后两臂向内运动的惯性，平稳地完成臂部动作方向的转变。

入水时要避免手背向前、向内挡水。这种动作会产生向后、向外的反作用力，降低身体的前进速度。入水时的另一常见错误是两手距离过窄，手在肩延长线以内入水。这种动作在划水的开始阶段时有明显的侧向划动，易产生侧向分力，不利于迅速转入抓水和加快动作频率。

2.划水

蝶泳划水时，对于游泳者自身来说，手从入水到出水这一段的划水路线在水平面上很像两个相对的“S”形，所以人们就把这种划水路线称为双“S”形，也有将其称为“钥匙洞”型或“漏斗”型的。我们可以将其大体划分为抓水、拉水、推水三个阶段（图2-4-5）。

图 2-4-5

(1)抓水：两手入水后，首先借助空中移臂的动作惯性伸直肘关节，两臂稍内旋并稍屈腕，掌心转向外后方，手掌接近垂直于水面，并与游进方向呈 40°～50°角，以指尖领先向外划至约两倍肩宽处。此时肘关节开始弯曲，掌心转向外下后方。

划水开始阶段的主动外划抓水，正处于腿向下打水使臀部上升、肩部下沉、身体向前的时刻，时间很短，速度较平缓，但却可以使手臂由直臂转为屈臂，使掌心由朝外后方转为朝外下后方，以便从一个有利位置开始拉水。

这一阶段的常见错误是，手一入水就将掌心转向下，并立即屈肘划至身体下方。由于手臂外划不足，无法做出后续有力的下划和内划动作，造成推进力的较大损失，同时也影响腿部向下打水的推进作用。因此，手入水后应感觉向前伸展，在腿完成下打之前不要急于用力划水。当腿部下打结束时，臀部升至水面，此时两臂已经充分外划抓水，有利于开始做最有效的划水动作。

(2)拉水：拉水是指手臂从抓水结束处划至肩的横切面这一阶段，应紧接着抓水动作进行。根据拉水时手臂的主要运动方向，又可以把拉水分为“下划”和“内划”两个环节。

“下划”时，手臂向下并稍向外沿弧线划动，肘关节继续弯曲形成高肘姿势，掌心朝外下后方，直至手接近划水路线的最深处。此时应注意要使掌心完全朝下直接向下压水，否则，产生的反作用力将主要使头和躯干向上举起，而不是使身体向前运动。

紧接着，手臂开始“内划”，掌心转向内后方，手掌向内、向上和向后沿弧线划至肩下方靠近身体中线处，屈肘程度逐渐加大。当两手划至肩下方时，屈肘程度达到最大，前臂与上臂呈 90°～100°角，两手接近靠拢。

拉水时，手和前臂应以肘关节为轴像螺旋桨一样转动。动作应逐渐加速，突然发力会破坏划水的合理节奏。拉水后半段手臂在内划的同时也有较大幅度的后划，产生的划水阻力和划水升力一起构成一个较大的反作用力，可以有效地推动身体前进。因此内划是一个强有力的推进动作。

(3)推水：当两臂拉水至肩下时，即转入推水(图 2-4-6)。此时上臂内收，肘部向体侧靠拢，掌心转为朝着外后方，两臂保持屈臂高肘姿势划至腹下，两手之间仍保持很近的距离。接着，肘关节用力伸展，使手继续加速向后、向外、向上划至大腿前外侧。由于水的压力，此时手掌应往掌背的方向伸展。推水结束时，肘关节并未完全伸直，前臂与上臂保持 150°～160°角。

图 2-4-6

推水是划水全程中最强有力的阶段，手向后、向外、向上的运动必须自始至终加速进行。这一阶段应注意避免直接向上推水的错误。直接向上推水的动作不仅不起推进作用，因水的反作用力还会造成臀部下沉，增大水阻力，降低游进速度。

在一个完整的划水过程中，手臂在肩前、肩后的动作形式是相反的。拉水时，手臂外旋，肘关节逐渐弯曲，手和前臂的运动领先于上臂；推水时，手臂内旋，肘关节逐渐伸展，上臂的运动领先于手和前臂。由拉水到推水要加速进行，中间不能有丝毫停顿。

在蝶泳划水的全过程中要不断地调整手掌方向，使手掌平面在不同阶段都能与手的运动方向形成一个合适的迎角。从手划水的动作轨迹看，抓水阶段，手掌平面与手的运动方向呈 45°～55°的迎角，反作用力中升、阻成分并重，但两手的划水阻力相抵消，而划水升力则起着一定的推进作用。拉水阶段，分为"下划"和"内划"，手的迎角则由 45°逐渐增大至接近于 90°，水的反作用力由升力型转为升阻型，再转为阻力型。推水的前半部分，手臂主要是向后划动，手掌迎角为60°～70°，水的反作用力为阻力型；推水的后半部分，手臂主要向上划动，手掌迎角为 30°～40°，水的反作用力为升力型。

3.出水

在推水动作的最后阶段手划至大腿的前外侧时，肘关节已提出水面(图 2-4-7)。推水一结束，手腕即放松使掌心转向内朝着大腿。此时，借助手臂向上、向外弧形划动的惯性，略屈肘，按上臂—前臂—手掌的顺序将手臂向上、向外提出水面。整个提肘出水的动作应迅速、干脆，紧接着推水动作进行，中间不能有丝毫的停顿，否则动作难以完成。手出水时小指侧领先可减小出水阻力。

图 2-4-7

4.空中移臂

两臂提出水面后，即沿身体两侧低平的抛物线向外、向前抡摆。受出水动作的影响，移臂开始时肘关节仍呈微屈状态(图 2-4-8)。两臂在向外、向前抡摆的过程中自然伸直，并始终保持拇指朝下的姿势。当两臂摆过肩的横切面时，转为向内、向前移动。此时肘关节微屈并略高于手，掌心转朝外斜下方，准备入水。

图 2-4-8

空中移臂时两臂应放松,肩部应略高出水面,使手臂保持在水面上前移,以减小移臂的水阻力。移臂动作要快,动作过慢会造成身体下沉。肩关节灵活性好,会使移臂动作更加轻松自然。

(四)完整配合技术

蝶泳的臂、腿动作及与呼吸的配合比较复杂。正常的蝶泳,一般采用 2∶1∶1 的配合技术,即在一个完整动作周期中,做海豚式鞭状打水 2 次,两臂同时划水 1 次,呼吸 1 次。

1.呼吸与臂的配合

游蝶泳时,是随着两臂的划水及身体的波浪起伏而有节奏地抬头吸气。呼的时机十分重要。呼吸必须与两臂的划水动作严格合拍,才能保持身体的流线型姿势,保持两臂划水的持续,并保证完整配合动作的协调连贯。

正确的呼吸方法是:两臂外划抓水时,头开始上抬;在两臂下划和内划的过程中继续抬头;内划结束两臂划至肩下时头抬出水面,下颌前伸;在两臂推水及空中移臂的前半段张口吸气;两臂前摆准备入水时迅速低头,稍闭气后开始呼气。头应在手臂入水之前浸入水中,但不宜过于下潜。这种呼吸方法动作协调自然,在两臂推水使身体位置上升至最高点时吸气,有利于保持身体相对水平的姿势,减小水的阻力。头部领先于手臂入水,可以使头迅速得到水的浮力作用,从而避免了由于抬头吸气和空中移臂而造成的身体下沉。

为了减小因抬头吸气而产生的身体流线型姿势的改变以提高游进速度，许多运动员在比赛中采用了划两次水呼吸一次的配合技术，即在一个动作周期中吸气，在另一个动作周期中不吸气。有些运动员在终点冲刺时甚至采用憋气游。在不吸气的动作周期中，应保持低头闭气，脸不露出水面，但在推水时仍应使肩部稍升出水面以便顺利完成空中移臂动作。

2.臂与腿的配合

泳臂的划水与腿的海豚式鞭状打水也有严格的配合时相（图 2-4-9）。它们之间的精确关系若被破坏，就会影响动作的连贯性和协调性，影响动作的正确节奏，造成推进效果的下降。臂、腿配合的正确方法是：两臂入水时双腿开始做第一次向下打水，在屈腕抓水时完成腿的下鞭；两臂拉水的过程中双腿上抬；在两臂推水的过程中双腿开始做第二次向下打水，臂出水时完成腿的下鞭；两臂空中前移的过程中双腿上抬。

蝶泳的完整配合技术如图 2-4-9、图 2-4-10 所示。在一个完整动作周期中的两次打腿，用力程度应当一致或接近一致。但由于身体位置不同，会造成第 1 次打腿的幅度稍大于第 2 次打腿的差别。第 1 次向下打水时，头、肩浸在水中，腿可以做较长时间较大幅度的下鞭，使臀部向前向上升至水面；在接下来的拉水阶段中，由于头和肩仍然没于水中，使双腿有可能上抬至较高位置。第 1 次下打是在空中移臂引起身体下沉和游速减慢的情况下进行的。做好第 1 次向下打水动作，有利于及时调整身体位置，形成流线型身体姿势，保证游进速度的均匀性。

图 2-4-9

图 2-4-10

第 2 次向下打水时，头、肩都已露出水面，这就使臀部上升的幅度及两腿下打后上抬的幅度都受到限制。这种差别是由于身体位置不同而自然形成的，不应当人为追求之。实际上，第 2 次打腿有着十分重要的作用，两腿的下打与手臂的推水同时进行，不仅有利于腿、臂肌肉协同发力，提高动作速度，下打动作所产生的反作用力向上的分量还可以有效地抵消推水后半段和出手时两臂向上划水所造成的臀部下沉的趋势，使身体形成相对水平的流线型姿势，减小水的阻力。如果第 2 次打腿用力太小，就无法产生足够的力量使臀部接近水面，其结果将是阻力增大而游速降低。所以，也有人认为第 2 次打腿应该更用力一些。

第五节　怎样学习竞技游泳技术和常见错误及纠正方法

一、游泳教学法

游泳教学法是研究游泳教学的理论和方法的一门课程。它主要探讨在游泳教学过程中教师如何教，学生如何学，掌握游泳技术、技能的规律等问题。游泳教学是体育教学的一个分支，它既有体育的性质，又有教育的性质。因此，在游泳教学过程中必须以教育学和体育理论为指导，运用马克思主义的认识论、运动技能形成的规律和人体生理机能活动变化的规律理论，深入研究游泳教学的特点、过程、原则、方法、教学的组织和进行，掌握教学规律，不断提高游泳教学质量。游泳教学分为理论教学和技术、技能教学两个方面。这一篇主要阐述竞技游泳动作的技术和技能的教学问题。

(一)游泳教学的特点和教学过程

游泳教学与其他体育项目的教学一样,有着共同的教学特点,它是师生的双边活动,是教师有目的、有计划地指导学生自觉积极地学习和进行各种练习,掌握一定的知识和技术以及技能的活动。在教学中,要遵循认识事物的一般规律、动作技能形成的规律和人体生理机能活动能力变化的规律。但游泳与其他体育项目比较,又有着不同的活动环境和不同的运动特点,因而在教学上也有不同的特点。

在教学环境方面,游泳是一项在水中进行的运动,水的阻力和压力以及浮力完全不同于人们平时所习惯的陆上的环境。在水中活动,要克服水的阻力和压力,又要利用水的阻力和浮力。初学者在齐腰深的水中站立不稳,在深水中浮不起来或者无法进行正常的呼吸,从而容易引起呛水,发生溺水事故,因此,初学者容易产生怕水心理。

在运动的姿势方面,在陆上人们习惯直立行走和活动,而游泳是在人们不习惯的平卧(俯卧、仰卧或者侧卧)姿势下进行的,改变了人体空间的定向的正常感觉。这种平卧姿势和水的刺激影响了前庭器官的感觉和分析,使初学者平衡感觉受到的刺激强于运动感觉,增加了学习游泳的难度。由于运动姿势的改变,人们平时在日常生活中形成的走、跑、跳、投等技能,不能在水中直接运用,几乎所有的游泳技能都要从头学起。

在呼吸方面,人在陆上的呼吸是自如的,在游泳时的呼吸却成了学习动作的必要组成部分,他必须在一定动作配合的条件下有节奏地进行呼吸,同时,呼吸的方法也不同,要用嘴在水面上吸气,用鼻和嘴在水中呼气,并且在吸气和呼气之间有一段时间的憋气。所以,游泳的呼吸技术和呼吸节奏,比陆上其他运动项目要显得复杂。

在运动的动力方面,在陆上做动作时利用固定的支撑物对人体的反作用力使身体产生运动,而游泳是在水中,水是一种不能固定支撑的液体,游泳是在这种不能固定支撑的液体里进行,是利用水的浮力支撑身体,利用水对身体动作所形成的反作用力推动身体前进。

由于上述游泳环境及游泳运动本身的特殊条件,形成了游泳教学的以下特点:

(1)教学对象的主要心理特点是对水的强烈兴趣和怕水心理,兴趣是学习过程中最活跃的心理因素,它在游泳教学中起着重要的作用。绝大多数青少年对水和游泳都有强烈的兴趣,并对游泳活动表现出积极的参与倾向,这对游泳教学是十分有利的因素,应注意加以诱导和保护。针对少数对游泳学习缺乏兴趣和兴趣较差的学生,应采用适当的教学手段来培养和激发他们的兴趣。怕水心理是游泳教学过程中具有负面效应的不良心理因素,它主要存在于初学游泳的学生之中。怕水心理产生的直接原因是学生在水上活动和学习游泳的过程中,在水中失去平衡、呼吸困难、呛水、喝水或溺水对自己身体健康的危害和安全的问题,因此,在场地选择、编班分组、组织教学等方面都要保证安全,安全要放在游泳教学的首要地位。

(2)对初学者的教学,不是先教某一种游泳姿势,而是先熟悉水的环境及特点,克服怕水心理,学会浮体、呼吸和滑行的方法,然后再教游泳姿势。

(3)游泳的呼吸是教学过程中的难点,解决呼吸难点的措施必须贯彻于游泳教学的始终。

(4)掌握水中平浮是初学者学习的一个重点,为此,每教一种姿势,一般都是先教腿,首先解决身体平浮问题。

(5)每教一个动作,一般先做陆上模仿练习,然后下水练习,水陆结合,以水为主。

(二)游泳教学过程与动作教学阶段

游泳教学过程是指为达到教学目的,学生在教师的组织和指导下,通过教学活动掌握游泳知识、技能和技术的过程。它存在于游泳教学实践活动中,可以通过一个动作的教学和一种泳式的教学活动来体现,也可以通过一次课或连续的多次课来体现。游泳教学过程既要体现游泳教学的特点,又要遵循动作技能形成的规律,要符合人们认识事物的规律,符合学生身心发展规律和生理、心理活动变化的规律。游泳教学过程的进行程式,一般分为引起学习动机阶段、学习与掌握动作(知识)阶段、改进与提高阶段、巩固与运用阶段、检查与评价阶段。

根据运动技能形成的规律,学生学习掌握某个动作,从不会到会、从不熟练到熟练的动作技能形成过程,实质上都是在大脑皮质建立暂时性神经联系的过程。在这一过程中,大脑皮层的活动可划分为泛化、分化和动力定型三个互相联系的阶段。根据这三个阶段的规律,游泳动作教学可分为以下三个教学阶段:

1.粗略地掌握动作阶段

本阶段的任务是使学生对所学的动作初步了解,取得感性认识,粗略地掌握动作。此阶段学生的特点是:大脑皮质的兴奋过程扩散,内抑制不够,处于泛化阶段,动作表现为缺乏控制,紧张、费力、不协调,并有多余的动作。呼吸浅表、急促、节奏差,吸气不充分。因此,要求教师在教学中,抓住主要的教学环节,准确示范,精炼讲解,并让学生从陆上到水上反复练习。练习中应重点抓好动作结构、方向、路线,不要过多地强调动作细节,使学生粗略掌握所学动作。

2.改进与提高动作阶段

本阶段的教学任务是消除错误动作,正确掌握动作技术。此阶段学生的特点是:大脑皮层的兴奋过程与抑制过程处于分化阶段,兴奋相对集中,内抑制逐步发展巩固;动作表现为逐步准确、协调,动作节奏感增强,游距迅速增长。但动作仍不够熟练、巩固。因此,要求教师抓住动作的重点、难点,利用讲解、示范和各种直观教具,揭示动作的内在联系与规律,并逐步扩展到动作细节。通过水上反复进行的短距离的分解、配合动作,使学生逐步掌握正确动作和纠正错误动作,并在保证动作质量的前提下,逐步增长游距,促进分化,趋向精细,动作日渐准确。

3.动作的巩固和运用自如阶段

本阶段的教学任务是使动作完善、巩固,并达到自动化程度。此阶段学生的特点是:大脑皮层兴奋过程在时间上和空间上高度集中,内抑制不断巩固,接通机制稳定,形成了牢固的动力定型。动作表现为轻松自如、准确协调,达到了自动化程度。因此,要求教师注意引导学生将注意力集中于判断方位、速度、用力程度等技术细节上。注意启发学生的思维,提高分析动作和纠正错误的能力。练习中应进一步通过分解、配合动作的重复练习,强化各个环节的动作细节,使自动化过程得到进一步的强化。

游泳教学过程的各个阶段，存在于对不同教学对象的教学过程之中，无论是初学游泳者还是已会游泳者，新学一个动作或一种姿势，都须经过这三个教学阶段。但由于掌握游泳动作技术的程度不同，各个阶段所用的时间也有差异。前者泛化、分化过程较长，而后者则可利用已会动作技术的迁移，较快地达到巩固和自动化阶段。

游泳教学过程的三个阶段是有机联系和相对而言的，是学习每一个新动作和每一种新姿势的必经过程。

（三）熟悉水性的教学

熟悉水性的教学内容主要有水中行走、跳跃、呼吸、水中睁眼、抱膝浮体与站立、滑行和熟悉水性游戏等等。

1.水中行走、跳跃

水中行走、跳跃练习的目的是体会水的阻力、压力和浮力，学会水中行走、跳跃时维持平衡的方法，消除怕水心理。

练习方法：

（1）扶边行走：手扶池边或池槽向前、后、两侧行走。

（2）拉手行走：集体拉手向前、后、两侧行走。

（3）划水行走：两手掌与水面垂直向前推水，向后行走；两手向后划水，向前行走；两手向侧划水向相反的方向行走。

（4）扶边跳跃：两手扶池边（池槽），两脚蹬池底，向上跳起。

（5）徒手跳跃：水中站立，两臂平放水中，两手臂向下压水，两脚蹬池底，向上跳起。

（6）单独进行各种方向的走、跑、跳跃练习。

（7）水中走、跑比赛或游戏。

2.呼吸

练习的目的是使学生掌握正确的游泳呼吸技术，防止喝水、呛水现象的出现和克服怕水心理。

练习方法：

（1）闭气练习：手扶池边（池槽）或拉同伴的手，在水面上用口深吸气后闭气，下蹲并将脸没入水中，停留片刻后，脸部出水。再在水面上用嘴深吸气，水中闭气的时间应逐渐增长，没水部位由脸部逐渐过渡到把头全部浸入水中。

(2)呼气练习：同上的练习方法，头部没水稍闭气后用鼻同时缓慢地均匀地呼气，呼气的后段应边呼边抬头，当口将出水面时，应用力将气呼完。在水中不要急于将气呼完，当脸部离开水面前才将气呼尽。练习时先拉同伴的双手或扶池边(池槽)，后徒手进行练习。

(3)连续呼吸练习：同上练习，练习次数逐渐增加，直至连续做20～30次。吸气要快而深，呼气要慢而均匀，并逐渐加大呼气量，口离水面前快速用力将气呼完，紧接着在水面上快而深地吸气。练习时，可按“快吸”“稍闭”“慢呼”“猛吐”的要领进行，掌握抬头呼吸后，可进行转头呼吸练习。

3.水中睁眼

练习的目的是克服怕水心理，纠正在水中闭眼的错误习惯，充分发挥眼睛的视觉功能，以利于游泳技术的学习和怕水心理的进一步消除。

练习方法：

(1)闭气睁眼：手扶池边(池槽)或拉同伴的手；在水上深吸气后，将头没入水中做闭气练习，同时睁开眼睛；看清池壁、同伴的手后，头出水吸气。

(2)睁眼呼气：同上练习，睁开眼睛，头没入水中闭气后缓慢呼气，眼看气泡上冒，呼气完毕后头出水吸气。

(3)睁眼沉体：睁眼在水中做抱膝浮体。缓慢呼气，身体逐渐下沉；并始终睁着眼睛，看清水面到水底的景物变化。脚触池底后放手、伸膝，两臂向下压水，并抬头，直体站立于水中。

(4)睁眼滑行：睁眼在水中做蹬底或蹬边滑行，并始终睁着眼睛，看清滑行过程中水中景物的变化。

4.浮体与站立

练习的目的是体会水的浮力，初步掌握在水中浮起、维持身体平衡及由浮体至站立的方法，增强学习游泳的信心，进一步消除怕水心理。

练习方法：

(1)抱膝浮体：并腿站立，深吸气后，低头含胸，同时两脚轻蹬池底，提膝、收腹、团身、抱腿，呈抱膝姿势自然漂浮于水中。站立时，两手松开，两臂前伸，手掌向下压水并抬头，同时两腿下伸，脚触池底后站立。两臂在体侧拨水维持身体的平衡。

（2）展体浮体：两脚开立，两臂放松前伸。深吸气后，身体前倾并低头，屈膝下蹲，两脚轻蹬池底，两腿放松上浮呈俯卧展体姿势漂浮于水中。站立时，收腹、屈膝、收腿，两臂向下压水并抬头，同时两腿下伸，脚触底后站立，两臂在体侧拨水维持身体平衡。

（3）展体仰浮：并腿站立，深吸气后，头和上体后仰，并慢慢后倒于水中，同时两脚轻蹬池底，两腿放松上浮，两手前伸或平放于体侧，也可在体侧轻轻拨水，呈展体仰卧姿势仰浮于水中。站立时，低头、收腹、屈膝、收腿，两臂向下压水，同时两腿下伸，脚触池底后站立，两手在体侧拨水维持身体平衡。

5.滑行

练习的目的是使学生体会和掌握游泳时身体的水平位置和流线型姿势，为各种泳式腿部动作的学习打好基础。

练习方法：

（1）蹬底滑行：两脚前后开立，两臂前伸，两手并拢。深吸气后上体前倾并屈膝，当头和肩没入水中时前脚掌用力向后下蹬离池底，随后两腿并拢，使身体呈俯卧、流线型姿势在水面下向前滑行。

（2）蹬壁滑行：背对池壁，一手拉池槽或扶池边，一臂前伸，同时一脚站立，一脚紧贴池壁。深吸气后低头，上体前倾，提臀，向上收支撑腿，两脚紧贴池壁，臀部后移，两臂前伸、并拢，头夹于两臂之间，两脚用力蹬壁，使身体呈俯卧、流线型姿势在水面下向前滑行。

6.熟悉水性游戏

练习的目的是巩固熟悉水性动作技能，增强对游泳的兴趣，消除怕水心理。

练习方法：

（1）水中火车：练习者纵队列队，后者双手搭在前者肩上。练习时按“左、右、左”或“一、二、一”的口令同时迈步前进。

（2）水中赛跑：练习者横队或纵队站立，听到出发信号后两臂向后划水，快步跑向对岸池壁。

（3）水中接力赛跑：将练习者分为若干组，按练习（1）的方式进行比赛。

(4)水上追逐：两人一组，一人为被追者，另一人为追逐者。听到口令后开始追逐，当追逐者用手触及被追者的身体后，交换角色。

(5)网鱼：练习者 5～6 人牵手为“渔网”，另一人当“鱼”，听到口令后，“鱼”可在规定水域内任意走、跑，“渔网”奋力追赶并将“鱼”网入(拉手圈入)“网”内。

(6)跷跷板：两人一组，拉手相对站立。练习时一人下蹲，没入水中(吐气)，另一人立于水上(吸气)。两人反复交替练习。

(7)吹球竞速：练习者横队立于齐胸的水中，在每人面前的水面上放一个乒乓球吹气。听到口令后，连续用力对乒乓球吹气，看谁最先将乒乓球吹至终点。

(8)水底摸物：将石子或硬币放于浅水池底，练习者深吸气后潜入水中，睁眼在水中寻觅，并将其捞起。

(9)潜穿封锁线：在水中横放竹竿或横拉水线若干为“封锁线”。练习者列队向“封锁线”行进，遇“封锁线”时，头部必须潜水而过，且不能触碰“封锁线”。此练习可以个人或列队进行。

(10)弹水钢琴：练习者一列横队，面向池岸站立做“琴键”，弹奏者手执竹竿在岸上走动。当“弹奏者”的竹竿指向或触及“琴键”时，“琴键”立即没入水中，闭气 3～5 秒钟后出水。

(11)浮体赛久：练习者做抱膝或展体浮体，比谁在水面漂浮的时间长。

(12)水下布雷：练习者做抱膝浮体作为“水雷”。然后慢慢呼气，“水雷”缓缓下沉，比赛谁在水中沉潜的时间长(最长不要超过 30 秒钟)。

(13)滑行比远：练习者靠池壁站立，听到口令后向前做蹬壁滑行，比谁滑行的距离最远。

(14)力射水箭：练习者 3 人一组，两人做弓，一人做箭。练习时做箭者全身伸直，手脚并拢，做滑行姿势。做弓的两人握住“箭”的腿部用力前送，使箭在水中快速滑行。

(15)水中钻圈：一人立于距池壁 5～6 米的水中，并持救生圈立于水面下，练习者正对救生圈靠壁站立。练习时，练习者做蹬壁行，并从圈内钻过。

(16)水下钻洞：练习者两人一组，一人距池壁 4～5 米分腿站立于齐腰的水中；另一人蹬壁滑行，并从练习者胯下钻过。

(17)鱼跃龙门：练习者两手上举并拢，站立于水线前，练习时两脚用力蹬底使身体跃过水线，再在水中向前滑行。

二、四种竞技游泳姿势的教学方法和常见错误及纠正方法

(一)蛙泳的技术动作教学

蛙泳技术比较复杂。因此，蛙泳教学中，要抓基本技术，其中腿是基础。蛙泳按腿、臂和臂弓呼吸配合及完整配合的顺序进行。

1.腿部动作

(1)陆上模仿练习：

①坐撑模仿蛙泳腿：坐在凳上或池边，上体稍后仰，两手体后撑，两腿伸直并拢，髋关节展开，做蛙泳腿的收(腿)、翻(脚)、蹬夹(水)、停的动作，先按口令分解练习再过渡到完整连贯动作。要求如下：

收——大腿带小腿，边收边分；

翻——向外翻脚，蹬水面对准水，膝稍内压；

蹬夹——向后弧形蹬夹水；

停——两腿并拢伸直放松，漂片刻。

要求初学者先用眼睛看腿部动作是否正确。一般初学者翻脚动作很不习惯，因此要强化这个动作，体会翻脚时的肌肉感觉。动作基本正确后，再要求闭眼，边想动作要点边做模仿动作。

②俯卧凳上做收、翻、蹬夹、停的动作。先分解做，再连贯起来做腿的完整动作，要求边想边做，亦可由同伴帮助体会和纠正动作，重点体会翻脚和脚蹬夹的路线及动作节奏。

(2)水中练习：

①固定支撑做蛙泳腿的练习：手扶支撑物，身体平卧浮于水中，髋关节展开，两腿放松伸直并拢，做收、翻、蹬夹、停的动作，先分解再连贯起来做。要求除陆上模仿的要求外，在水中要强调以下几点：

躯干——肩浸入水中，腰腹部肌肉稍紧张，臀靠近水面，防止塌腰、挺腹、臀下沉；

收——放松慢收，小腿和脚在大腿投影之内；

翻——向外翻脚要充分，脚和小腿内侧对准水，脚心朝天；

蹬夹——向后弧形蹬夹要连贯，速度相对要快；

停——并拢伸直漂一会儿，当两脚上浮后再做下一个收腿动作。

以上练习也可做双人练习。

②蛙泳腿和呼吸练习：腿部动作基本掌握了，就做腿和呼吸的练习，当蹬夹结束两腿伸直时，抬头吸气，随后低头没入水中闭气再收腿。此练习既练腿又练呼吸，应反复多练。

③滑行做蛙泳腿的练习：蹬边（蹬底）滑行后做蛙泳腿，要求两腿蹬水后漂浮的时间要长一些，注意蹬腿效果和动作节奏。

④游动支撑做蛙泳腿：扶板的近端，两臂伸直，面部浸入水中，做蛙泳蹬腿动作，以后可以加上呼吸动作。

2.手臂动作和臂与呼吸配合

（1）陆上模仿练习：站立，上体前倾，两臂前伸，掌心向下，做蛙泳划水动作。要求划水时掌心向外侧下方，内收时，用力压摸水。基本掌握臂的动作后，即可配合早呼吸，开始划水时抬头吸气，伸臂时，低头闭气及呼气。

（2）水中练习：

①站立水中划臂：两脚开立站于齐胸深水里，上体倾，两臂前伸，做原地及走动的小划臂练习，划水时，体会水对手掌的压力（水感）。手每划一次水，两臂在体前伸直并拢稍停片刻，主要体会划水路线。

②俯卧滑行小划臂练习。

③臂和呼吸配合：臂的动作同上，由走动到俯卧滑行做臂与呼吸配合。要求：划臂开始抬头吸气（早吸气）或划水结束时抬头吸气（晚吸气）。

3.完整配合动作

（1）水中滑行做臂和腿分解配合：先划一次臂，再蹬一次腿，建立先臂后腿的动作概念。

（2）臂和腿连贯配合：在上述练习基础上，过渡到划水腿不动，收手又收腿，先伸臂再蹬腿，臂和腿伸直漂一会儿的连贯配合。配合游时要注意节奏，先伸臂再蹬夹腿而后漂一会儿（伸、蹬、漂）。

（3）完整配合：在上述两个练习的基础上，加抬头动作，出臂和腿配合两次，呼吸一次，逐渐过渡到臂和腿配合一次吸气一次。开始时可重复游较短距离，逐渐加长距离。

4.蛙泳教法提示

(1)蛙泳腿部教学关键是翻脚和慢收以及快蹬的节奏。练习时，强调翻脚时的肌肉感觉。整个腿部动作要以连贯的完整动作为主，避免在收、翻、蹬夹动作过程中产生停顿的不良现象，但在蹬夹腿后要强调并腿滑行漂浮片刻。检查蛙泳腿的标准，是看蹬夹腿的效果如何，即一次蛙泳腿所游的距离有多少，距离远者效果好。

(2)两臂动作，开始强调小划臂，由手掌划水过渡到小臂参加划水。此动作有利于体会和掌握高肘划水，并可逐渐增加手臂的“对水感”，而大划臂往往会破坏手臂的“对水感”和与腿配合的节奏。总之臂划水宜小不宜大。

臂与呼吸的配合，初学者可学早吸气，因早吸气容易掌握。初学者的呼吸，要强调呼气，抬头吸气时要掌握好吸气的时机。

(3)完整配合。可先做二次腿一次臂一次呼吸，即 2∶1∶1，最后过渡到 1∶1∶1。

(4)能游 15 米后，就要在动作节奏不乱的情况下增长距离游。要求初学者在游动中突破呼吸关，锻炼坚强的意志品质并能不断改进动作。

(5)蛙泳教学中可结合进行踩水教学，因两者动作有相似之处，可互相促进，也有利于确保安全。

蛙泳教学中常见错误及纠正方法(表 2-1)。

表 2-1

部位	常见错误	原因	纠正方法
腿	蹬腿不能翻脚	1.动作概念不清。 2.不会翻脚。 3.蹬时“绷脚尖”。	1.讲解、示范，明确概念及要领。 2.陆上强化翻脚动作，强调翻脚时的肌肉感觉。 3.勾脚蹬水或由同伴帮助体会正确蹬水动作。
	平收腿，蹬得过宽；蹬夹脱节或只蹬不夹	1.动作概念不清。 2.收腿时，两膝外张。 3.旧的动作定型。	1.讲解、示范，明确概念，陆上模仿，加深体会。 2.用矫枉过正法，要求收腿时，两膝内扣，或用绳圈限制其外张。

续表

部位	常见错误	原因	纠正方法
	收、蹬腿时脚的部位太低	1.头和上体抬得太高。 2.收腿时，大腿收得过多，小腿没与水面垂直。 3.腰部肌肉过于放松。	1.低头，提臀，腰腹肌肉适当紧张，使身体平浮。 2.大腿少收与躯干角要大于90°，积极收小腿，脚有意识地向臀部移。 3.腰、腹肌肉适当紧张，蹬时先伸髋。
	收、蹬腿时，臀部上下起伏	1.收腿时头肩过低，收腹提臀。 2.蹬腿时挺腹。	1.头、肩稍抬起，腰、腹肌适当紧张，使身体展平，收时大腿带小腿慢收。 2.蹬腿时，躯二不动，用大腿推着小腿向后走。
	收腿太快	1.动作概念不清。 2.收腿过分用力，且快。 3.动作节奏未掌握好。	1.讲解、示范，明确概念及要领，做模仿练习。 2.强调慢收腿，肌肉放松。 3.强调慢收腿，蹬时相对要快些。
臂	划水时手掌平摸水（划不到水）	1.动作概念不清。 2.划水时沉肘，小臂与水平面平行。 3.手臂力量差。	1.讲解、示范，明确要领。 2.划水时，要求掌心向外侧下方，高肘屈臂，小幅度划水。 3.加强手臂力量训练。
	划水路线太宽超过肩的延长线	1.动作概念不清。 2.急于划水推动身体前进，收手太晚。	1.讲解、示范，明确要领。 2.要求小划臂或在腋下放一限制杆。
配合	划臂的同时蹬腿	1.动作概念不清。 2.配合节奏紊乱。 3.急于划臂。	1.讲解、示范，明确概念，并模仿。先划臂后蹬腿。 2.划手腿伸直，蹬腿手臂伸直，逐渐过渡到正确的配合。严格地按伸、蹬、漂的节奏练习。
	伸臂、蹬腿同时	1.动作配合概念不清。 2.收腿太早、太急。 3.收手时，在胸前有停顿。	1.重点示范，先伸臂再蹬腿，并默念、模仿。 2.强调先伸、再蹬，蹬后两腿多漂一会儿。 3.小划臂，伸臂后稍停一会儿。
	吸不到气	1.吸气前未呼气。 2.抬头太慢，吸气时间短。	1.强调在水中吐气。 2.可用先抬头再划臂或开始划臂时，抬头深吸气。

（二）爬泳的技术动作教学

爬泳腿和臂动作比蛙泳简单易学，爬泳学会后可为以后学习仰、蝶泳打下基础。爬泳臂划水是前进的主要动力，两腿的鞭状打水是基础，呼吸是难点。爬泳教学按腿、臂、臂与呼吸配合及完整配合的顺序进行。

1.腿部动作

（1）陆上模仿练习：坐在池边或岸边上体后仰，两腿伸直稍内旋，做上下交替打水模仿练习。逐渐把脚放于水中，脚腕放松。逐渐要求膝关节和踝关节放松，做大腿带小腿的鞭状打水动作。练习时可按一定的节拍进行，也可快、慢交替打水。

（2）水中练习：

①手扶池槽或池底，身体呈水平姿势，两腿交替上下打水，先直腿打水，再过渡到鞭状打水，两腿幅度不宜太大。可快慢交替或重复一定次数，动作基本掌握后可加转头呼吸。

②滑行打爬泳腿，可重复一定距离如 15 米、20 米……

③扶板打水。两臂伸直扶板的近端，脸浸入水中，打爬泳腿，可重复一定距离，打水能前进者结合抬头和转头呼吸。

2.手臂动作和臂与呼吸配合

（1）陆上模仿练习：

①直臂划水模仿练习：两脚开立，上体前倾，直臂向后划水。着重体会手入水和空中移臂，空中移臂强调臂放松，大臂带小臂前移，入水时要求用拇指和食指在肩前斜插入水。先练单臂再做两臂交替划水练习。

②屈臂划水模仿练习同上练习，但要求屈臂划水，前拉后推，着重体会划水动作及路线。

③转头呼吸：上体前倾，两手扶膝，做侧转头呼吸练习。

④臂与呼吸配合：同侧臂开始划水时呼气，推水时转头吸气，吸气后头迅速转回，手再入水。

（2）水中练习：

①站在浅水中，做陆上练习①～④。如在深水中教学，可由一手扶池边或水线，做单臂划水。

②同上练习，走动中做，要求划水时适当用力，注意手掌对水，推水时掌心向后，体会划水路线及水感。

③两臂配合：蹬边滑行后腿轻轻打水或大腿夹助浮器帮助下肢浮起，身体平衡，做单臂划水，如左臂划两次再右臂划两次；而后做两臂分解配合即左臂划水，空中移臂，入水后右臂再做；最后过渡到两臂前交叉配合。

④臂与呼吸配合：

A.扶板打水，单臂划水，向同侧转头呼吸。可做左臂划 15 米再右臂划 15 米或左臂划一次右臂划一次。转头时下颌向同侧肩靠近，不要抬头。

B.滑行轻轻打腿，划单臂向同侧转头呼吸，要求划水路线要长。

C.两臂配合，由分解过渡到前交叉，加转头呼吸。

3.完整配合动作

水中练习：

①滑行打腿，一臂前伸，一臂划水。划速不要太快，但划水路线要长，推水为重点。

②滑行打腿，两臂分解配合。

③滑行打腿，两臂轮流划水，做前交叉或中交叉配合。

④臂与呼吸配合：滑行打腿，单臂划水，向同侧转头呼吸。而后过渡到两臂前交叉配合，向一侧转头呼吸。以上练习掌握较好的可练两侧呼吸。

⑤完整配合游：反复多练，距离逐渐加长，在长游中改进和提高技术水平。

4.爬泳教法提示

(1)要使下肢抬高保持较好的流线型，必须把腿练好，所以打腿要有一定的距离要求。爬泳直腿打水较简单，鞭状打水较复杂。因此，腿部教学可用直腿来过渡，但直腿打水易形成腿部僵直的错误动作，所以凡直腿打水能前进者要尽快过渡到“鞭状”打水。

(2)教爬泳臂的动作，开始可分五拍练臂的动作(入水、抱水、推水、出水、移臂)，某一动作可多次重复，再过渡到三拍(入、划、移)，最后一拍完成一次臂的完整动作。游动练臂时，采用一臂前伸一臂划水效果较好。两臂分解配合不宜多练，否则易形成错误动作定型。

(3)在腿部教学时就应教呼吸。呼吸是难点，应早教，可在后续课中多次重复以便掌握。臂与呼吸配合和划单臂转头呼吸的练习效果较好，应多次重复。为了防止初学者吸气时做抬头吸气的错误动作，可要求在转头吸气时做用嘴“咬肩”的动作。

(4)完整配合动作教学时，首先抓好闭气、臂、腿配合游，其次抓单臂划水转头呼吸。以上两个练习掌握好了，完整配合也就好学了。完整配合时，不必强调打水次数，只要求划臂和呼吸时腿不停顿即可。不管几次打水都是推水时同侧腿向下打水。

爬泳教学中常见的错误动作及纠正方法(表 2-2)。

表 2-2

部位	常见错误	原因	纠正方法
腿	小腿打水	1.动作概念不清。 2.屈膝过大。	1.讲解、示范，明确概念和要领。 2.用直腿打水来体会大腿带小腿。
	屈髋打水	躯干没有充分展开或收腰。	1.陆上模仿，注意大腿上抬或用直腿打水。 2.水中练习强调展髋，打腿时大腿上摆。
	勾脚打水	踝关节灵活性差。	1.要求绷直脚尖打水。 2.多做踝关节灵活性练习。
臂	臂入水后向下压水	1.直臂入水。 2.过早用力划水。	1.入水时要求手指先入水，此时肘高于手。 2.入水后，臂向前下方伸，抓到水后，再划水。
	划水时手掌摸水	1.动作概念不清。 2.沉肘划水。 3.手臂力量差。	1.讲解、示范，明确划水时手掌的动作。 2.要求高肘、屈臂划水，小臂与水平面垂直。掌心向后。 3.加强臂力练习。

续表

部位	常见错误	原因	纠正方法
	手在肩外侧划水和划水路线短	1.手入水点偏外侧划水。 2.没有推水动作。	1.强调屈臂手沿身体中线做“S”形划水或要求在肩前入水，划水时向腹下抱向同侧大腿处推水。 2.可用矫枉过正法，要求在身体中线入水，超过中线向后划水，划水结束时手触同侧大腿。
	划水结束时身体下沉和手出水困难	划水结束时，掌心向上，没有向后推水。	要求划水后程，以掌心向后推水，利用惯性提肘带动臂出水前移。
配合	配合不协调	1.动作过分紧张。 2.下肢沉或呼吸无节奏。	1.放松慢游，逐渐增长游距。 2.多练腿打水和呼吸。
	抬头吸气	1.动作概念不清。 2.怕呛水、喝水，不敢转头。	1.讲解、示范，明确转头吸气。 2.吸气时，人可绕纵轴转动，转头时做“咬肩”动作。
	吸不进气	不会呼吸或不会在水中吐气。	1.在水中做呼吸的基本动作。 2.强调水中吐气。 3.掌握转头吸气的时机，口将出水时猛吐深吸。

（三）仰泳的技术动作教学

仰泳时，脸在水面上，呼吸较其他泳式简单，容易掌握。教学顺序同爬泳。仰泳臂划水是推动身体前进的主要动力，但对初学者来讲，腿是基础，因腿部动作是保持身体处于较高水平姿势的重要因素，故应早抓腿部教学。

1.腿部动作

(1)陆上模仿练习：坐撑，脚放入水中做两腿打水模仿练习，着重体会直腿下压和屈腿上踢，练习时眼看腿部动作是否正确。

(2)水中练习：

①两手反握池槽或后撑池底，身体仰卧浮于水中，髋关节展开，两腿伸直稍内旋，上下交替“鞭状”打水动作。要求屈腿后上踢，直腿下压，膝和脚不能露出水面。

②仰卧漂浮：头和上体慢慢后仰，由同伴托住头，做仰卧漂浮练

习，要求展髋，头躺在水中。

③蹬池边仰卧滑行，两手拉池槽，两脚在水面下贴池边（接近水面），然后轻轻放手，上体慢慢后仰，脚蹬池壁，两臂放在体侧，身体呈流线型，仰卧滑行。

④仰卧滑行打腿，同上练习，滑行后两腿交替上下踢水，两手可在体侧做拨水动作。

⑤同上练习，要求单臂或双臂前伸进行打水。

2.手臂动作

（1）陆上模仿练习：凳上仰卧模仿仰泳臂划水动作。先单臂划水再两臂轮流划水练习。要求：先直臂划水再过渡到屈臂划水，划水时手指与地面平行，手掌与地面垂直，向脚的方向推水，臂推直。

（2）水中练习：

①单手扶池槽或扶水线仰卧水中，另一臂划水。先直臂划水再屈臂划水，划水路线要长。

②仰卧水中，由同伴抱大腿，做仰泳臂划水练习。

3.完整配合动作

（1）水中仰卧打水，一臂在体侧或肩前伸直，另一臂划水，此时两腿要不停地打水。

（2）同上练习，配合两臂轮流划水动作，注意臂在大腿旁不要停顿，髋关节展平。

（3）同上练习，配合有节奏的呼吸，一臂出水时吸气，该臂划水时呼气。

（4）同上练习，逐渐增长游距。

4.仰泳教法提示

（1）仰泳腿是基础，腿部动作好，才能保持正确的身体姿势，这是学会仰泳的前提。在教仰泳腿部动作时，可先教直腿小幅度打水，而后过渡到鞭状打水。

（2）正确的仰泳身体姿势是很重要的。在学习仰卧滑行打水时，要注意髋关节展开，并保持头部的正确位置。

（3）仰泳时，脸部基本在水面上，但一定要求学生当脸部有水时，要用鼻均匀呼气，待脸出水时再用口吸气，切记不能用鼻吸气。在提高阶段，要求臂与呼吸有节奏地配合。

(4)臂和腿配合教学时，只要求臂划水时腿部动作不停顿即可，不一定强调六次打水的配合。但要强调臂划水结束立即出水，不要在体侧停顿。

仰泳教学中常见的错误动作及纠正方法(表 2-3)。

表 2-3

部位	常见错误	原因	纠正方法
腿	小腿向后下方踢水	1.动作概念不清。 2.小腿屈腿打水。	1.讲解、示范、挂图，明确要领及踢水方向。 2.强调膝关节伸直，大腿带动小腿，屈腿上踢，直腿下压，或用直腿打水来纠正。
	踢水时膝部露出水面	1.屈髋打水。 2.大腿下压不够。	要求髋关节充分展开，大腿和膝积极下压，踢水时用脚面向后上方踢。
臂	臂划水用力过早	1.动作概念不清。 2.急于划水使身体前进。	1.讲解、示范，明确划水要领。 2.强调臂入水后，先做滑下托水动作，而后再用力向后加速划水。
	手入水点太宽	1.动作概念不清。 2.肩关节灵活性差。	1.讲解、示范，明确入水点的位置。 2.加强肩关节柔韧性练习。 3.采用矫枉过正法，要求在头前方入水。
	两臂配合分解不连贯	1.动作概念不清。 2.划水结束时，臂在体侧有停顿。	1.讲解、示范，明确概念。 2.强调划水结束时立即提臂出水。
配合	“坐”着游	1.收腹、屈髋。 2.怕呛水，头伸出水面。	1.要求稍仰头，微挺胸，髋关节展平。 2.头的后部浸入水中，要求呼吸与臂配合。
	腿踢不起来，下肢沉	1.腿部动作紧张。 2.头及上体高，脚的位置低。	1.脚部动作幅度要小，脚接近水面踢水。 2.要求上踢时要踢出水花，直腿下压时要放松。

（四）蝶泳的技术动作教学

蝶泳技术比较复杂，因而一般是在教完其他三种姿势后再教蝶泳。教学中应充分利用动作技能转移的规律，以便较好地掌握蝶泳。

1.躯干和腿部动作

（1）陆上模仿练习：原地站立，两臂上举做挺（腹）、屈（膝）、提（臀）、伸（膝）的动作。开始按挺、屈、提、伸一拍一个动作，而后把四个动作连起来做，使初学者体会腰腹腿的波浪动作。

（2）水中练习：

①滑行后先打爬泳腿，再过渡到两腿并拢打水，腰部放松。

②滑行做海豚泳躯干波浪动作：滑行后做挺、屈、提、伸四个动作的连续动作，体会海豚泳的波浪动作。开始时，动作幅度可小些。

2.手臂动作和臂与呼吸配合

（1）陆上模仿练习：

①手臂动作：站立身体前倾，做蝶泳两臂划水练习，着重体会划水路线和转肩动作。

②臂与呼吸配合：同上练习，配合呼吸，推水时抬头吸气，先低头再移臂。

（2）水中练习：

①在浅水中做陆上①、②两个练习，体会手臂划水路线及划水对身体的推动作用。

②“划跳”练习：同上练习，但在臂向后划水的同时两脚蹬底使身体向前上方跃起前扑，此时抬头吸气，而后低头，两臂经空中前移，两臂在肩前入水，然后收腿站立。

3.完整配合动作

（1）陆上模仿练习：单脚支撑，另一腿向后伸直，两臂前移“入水”时，后伸腿向下打第一次腿，两臂划水力划至腹下时，打第二次腿。以上练习基本掌握后再加呼吸动作。

（2）水中练习：

①数次蝶泳腿，臂划水一次。

②基本掌握上述练习后，逐渐过渡到两次腿一次臂的配合，强调

臂腿配合要有节奏。

③同上练习加上呼吸动作。开始臂和腿做2～3个配合动作呼吸一次，再过渡到划一次臂呼吸一次。

④初步掌握完整配合动作，即可增长游距，在反复练习中不断提高技术水平。

4.蝶泳教法提示

(1)蝶泳呼吸动作与蛙泳相似，臂的动作与爬泳相近，但蝶泳是两臂同时划水。所以，在学会爬、蛙泳后再学习蝶泳为宜。

(2)在躯干和腿的波浪动作教学时，要引导学生体会腰腹发力，带动大小腿的动作。练习时，要求臂和头不要上下摆动，这样腰腹发力才能使力向后传，带动大小腿上下打水。练习时可侧卧、仰卧水面或水下进行打水练习。

(3)在完整配合动作教学时，开始主要强调屈臂配合的时机，注意臂入水后不要马上划水，要向前伸后再向后划。在臂和腿配合好以后再配合呼吸动作，这时要强调呼吸的时机，要求早吸气配合，并注意臂入水后，臂和头都要向前，不要向下。在基本掌握上述动作后，则要强调腰腹用力，要求臂入水时要提臀，臀部保持在较高的位置上。

(4)教学2∶1∶1的配合，即每次划手都呼吸，注意掌握呼吸的节奏。

蝶泳教学常见错误动作及纠正方法(表2-4)。

表2-4

部位	常见错误	原因	纠正方法
躯干和腿	屈髋打水或没有波浪动作	1.概念不清。 2.收腹打水。	1.讲解、示范，明确要领。 2.由爬泳打水过渡到双腿同时打水。 3.在以上基础上，再要求躯干参加工作。
	小腿屈伸打水	躯干没有参加动作，只有小腿用力打水。	要求小腿自然伸直，躯干参加工作。严格地按挺腹、屈膝、提臀、伸膝、打水的顺序做动作。
	手、头、肩上下起伏	动作概念不清。	讲解、示范，明确概念，要求：头、手、肩相对固定，腰、腹用力带动下肢做波浪动作。

续表

部位	常见错误	原因	纠正方法
	手臂划水后，出水移臂困难	1.划水后掌心向上捞水。 2.最后推水无力或停顿。 3.移臂时抬头过高。	要求：推水时，掌心向后加速推水，并利用惯性提肘转肩向前移臂，另要求先低头再移臂。
	直臂划水	动作概念不清。	1.讲解、示范，明确概念。 2.高肘屈臂划水，前拉（抱）后推。
配合	臂、腿配合脱节	腿第二次打水过早或臂在前面停留时间过长，未掌握好配合节奏。	1.陆上模仿练习加深理解。 2.强调手入水打第一次，手入水后前伸再抱水推水，并进行第二次打水。
	小腿打水时，躯干没有波浪动作	臂入水时没有积极低头、提臀。	1.讲解、示范，明确配合要领。 2.臂入水时要积极低头、提臀。腿向上时膝关节伸直。

★ **运动的作用可以代替药物，但所有的药物都不能替代运动。**

法国医学家——蒂素

★ **身体虚弱，它将永远不会培养有活力的灵魂和智慧。**

德国诗人——卢梭

第三篇　游泳运动的训练方法

第一节　游泳训练发展概况

游泳训练的发展是人们不断认识竞技游泳运动规律和人体运动生理心理变化规律的过程，竞技游泳运动作为一种社会现象的出现，拉开了游泳训练的帷幕。游泳训练已有近百年的历史，其发展经历了自然发展、技术发展、大运动量、科学化四个训练阶段。

一、世界游泳训练简况

（一）自然发展阶段（18 世纪末～19 世纪末）

据史料记载，游泳竞赛早在 18 世纪末已经出现。1794 年意大利人欧龙合奥写的《飘荡在水里的人》的出版，标志着游泳从消遣开始转入竞赛。1835 年 8 月 15 日在欧洲从自拉梗湖到尼剑湖举行的 5 公里比赛，可认为是国际比赛的开始。这一时期参加游泳比赛的运动员从未进行过正规训练，竞赛主要是在江河湖海，进行不分泳式的长距离项目比赛。随后英、美等国开始建造游泳池，用来训练海军并进行比赛。1896 年第一届奥运会开设了游泳比赛项目，提高游泳速度和争取比赛胜利的客观要求，使人们开始注意改进游泳技术，而游泳训练仍只在比赛前安排一些游泳练习，平时只进行一些松散的游泳活动，常以慢长游的形式为主。尽管如此，毕竟还是形成了游泳训练的雏形，现代游泳训练开始萌芽。

（二）技术发展阶段（20 世纪初～50 年代）

1896 年至 20 世纪 50 年代，游泳技术发展及演变是这一时期游泳发展的主要特征之一。第一届奥运会只设自由泳比赛，第二届奥运会增加了仰泳，第四届奥运会又增设了蛙泳，到第十五届奥运会蝶泳与蛙泳分开，单独成为比赛泳式，从而形成了现代游泳四种竞技泳式和由四种泳式组合而成的混合泳，标志着竞技游泳技术发展基本完成。这一时期，人们把创新和发展各式技术，作为在游泳竞争中赢得胜利的主要手段。如自由泳从最初的“特拉金式”逐步发展到上下交替打腿的现代爬泳，蛙泳从最初的“跑马式”发展到“平航式”“蝶式”“潜式”“高航式”，仰泳同样从最初的“反蛙泳”和“蛙式仰泳”演变成爬式仰泳，蝶泳也从蛙式蝶泳演变为海豚式蝶泳。技术的每一次创新和重大改进都使游泳水平有了新的提高，这就使人们充分认识到技术这一因素在游泳竞赛中的重要作用。可以说，注重技术改进和完善，成为当时游泳训练的主要内容。

另一方面，自从奥运会确定比赛以快为优胜的标准之后，人们很快发现，慢长游的训练方法不能适应游泳池比赛，从而引起了人们对速度训练的重视。20 世纪 20～30 年代，短冲、重复训练和梯形变速训练等训练方法，相继从田径训练中运用到游泳训练，提高了游泳训练效果，使短距离的成绩得到较快的提高。但多数人仍然坚信单一技术（泳式）训练的观点。如 1954 年苏联专家古巴诺夫来华讲学时讲道：“专科比什么综合大学都好……练副项是不务正业。”

在人们努力探索新的训练方法的过程中，对于这些方法为什么有效和为什么能提高训练水平和运动成绩，尚不清楚，直到 50 年代中期，还不能从生理生化上认识运动训练的实质。

（三）大运动量训练阶段（20 世纪 50～70 年代初）

虽然这一时期世界各国仍致力各泳式技术的进一步发展和完善，但训练已从单一转向全面技术训练。游泳训练中各种姿势的搭配和转换，丰富了训练内容和手段，减少了因单一姿势训练而引起的局部疲劳，相应提高了运动员承受负荷的能力。50 年代匈牙利开始采用副项和不同速度的变换训练，运动员不仅主项获得好成绩，而且副项也达到了一定的水平，使匈牙利队在第十五届奥运会上获得游泳总分第二的好成绩，引起许多国家和教练员对游泳训练发展趋向的重新思考。

现代游泳技术在世界各国之间迅速推广和普及，结束了单凭技术独霸泳坛的时代，继之而来的是世界各国开始重视运动员体能的开发。在 50 年代初期，间歇训练法开始应用于游泳训练，这为增加训练的反复次数提供了主要方法。1953 年蝶泳和蛙泳分开比赛，混合泳正式列入比赛项目，促使人们把副项加入主项的训练中。在训练中采用了大量的混合泳训练，客观上由单一技术训练发展到全面技术训练。进入 50 年代，各国重视游泳馆的修建，为游泳的全年水上训练提供了条件。为了保证大负荷量的增长，优秀运动员开始从一天训练一次或两次，增加到一天训练三次。大负荷量训练，追求量的积累，使运动员年训练量迅速增加。60 年代初，美、澳运动员年训练量已增至 130 万米左右，70 年代中期达到 300 万米左右。

随着训练的深入发展，大运动量训练阶段经历了由数量到质量的变化过程。50 年代后期到 60 年代初期，训练越来越倾向于增加反复次数，而对完成的质量（强度）不那么注意。到 60 年代前期，质量派占了优势。如：乔治・海因斯、福比斯・卡莱尔等美、澳的教练员，采用（16～40）×50 米，而不采用过去（50～100）×50 米训练，用减少反复的次数达到较高的质量。由于训练负荷的重点向强度方面的转移完成了游泳训练从大数量到大负荷的转变，因而导致了训练效应的变化。在采用大量各种距离和速度的间歇训练方法的同时，他们也开始重视陆上身体训练，特别是力量训练，因而出现了新的等动力量训练方法和新型的陆上和水上力量训练器械。由于重视了运动员体能潜力的开发和训练，初步形成了综合训练的结构和模式，促进了游泳运动员整体训练水平的提高，世界游泳运动水平获得了突飞猛进的发展。

(四)科学化训练阶段(70年代中期至今)

科学技术不断发展,生物科学领域的研究成果相继在游泳训练实践中的运用,促进了游泳运动成绩的快速提高,使人们逐渐认识到运用先进的科学理论与方法,探索游泳训练规律,调控游泳训练过程的重要性。游泳训练中科技含量的提高,标志着现代游泳训练进入了科学化训练阶段。

在技术上,运动员技术动作更加精细,讲究动作实效,注意结合个人特点发挥技术效率;运动水平的接近,使比赛竞争更加激烈,赛程的任何一个环节的失误都将导致失败,所以在训练中更加重视出发转身、终点冲刺技术的训练。

体能训练方面,是继续追求数量还是强度成了加大训练负荷的两种不同观点。以澳大利亚的卡莱尔为代表的数量派认为,游的次数越多,总距离越长,成绩提高就越快,尽力在总量上下苦功夫。如1971年古尔德就垄断了从100米到1500米自由泳的全部女子世界纪录。以美国为代表的大负荷派主张不仅训练量要大,而且还要和高强度训练很好地结合起来。这种新的训练观点是针对60年代中期,美国占有的世界纪录不断减少(1965年男女仅有5个单项)的情况提出的。自从采用大负荷的训练之后,到1967年美国人保持的世界纪录增加到8项之多。进入70年代,美国人关于大负荷训练的观点更坚定了。

大负荷训练的成功经验,使世界各国先后转入大负荷训练的浪潮之中。随着大负荷训练的深入,人们逐步发现,训练的效果已不像过去那样与负荷的不断加大成正比,因而对训练负荷的继续加大产生了怀疑。联邦德国的沙托利在观察1975年世界游泳锦标赛后报道:凡是被访问到的教练员一致认为,现代训练法的特点是形式多样……调节负荷的手段是时而重质时而重量交替使用。民主德国重视力量训练,把陆上和水上的专项力量训练纳入大负荷训练的内容中去,并取得了惊人的成就。其女队在1973年前没有一项世界纪录,而到1973年一下就获得6个单项的世界纪录。从60年代末期到70年代中期,世界纪录又一次出现了阶段式的飞跃。从以水为主的训练,转向水、陆训练并重的模式。1982年有人发表文章说,根据训练负荷的发展规律,运动水平提高到一定程度之后,还靠大数量和高强度机械式的相加交替使用的训练已经不够了，今后训练负荷的发展趋势主要不是向数量更大、强度更高的方向发展，而是在训练负荷的合理结构方面下功夫。到80年代中期，世界优秀运动员的年训练总量一般保持在300万米左右，在总负荷相对稳定的情况下，运动员仍能取得优异成绩，还出现总负荷不大而取得优异成绩的例子，如美国的比昂迪和联邦德国的格罗斯等。据报道，格罗斯有时每天只训练一次，每次2小时中游7000～8000米。但由于较合理安排高强度训练，他于1985年保持100米、200米蝶泳和200米、400米自由泳四项男子世界纪录。由于70年代末期以来，世界纪录处于增长缓慢的波谷期，因而他们的训练和成就更加引起人们的注意。

重大比赛中运动员心理素质也起着至关重要的作用，胜负往往是百分之一秒之差。技术、体能、心理和恢复四者紧密结合的训练，成为科学化训练的重要内容。

进入90年代，现代科学理论与方法已渗透到游泳训练的各个环节，游泳训练发生了质的变化(飞跃)，主要表现在四个方面：

(1)以供能系统划分训练负荷。早在70年代，运动生理学者就提供了运动负荷的供能特征，美国、民主德国、苏联和澳大利亚等游泳强国率先运用血乳酸指标控制负荷和评价负荷，进行了游泳强度分级，扩大了有氧训练范围，增加了有氧训练比重，提高了无氧阈速度和最大吸氧量速度。

(2)高原训练的兴起。高原训练的基本特征是人在氧分压低、Hb携带氧不足的情况下进行剧烈运动，能反射性地引起Hb增加，以满足人体运动时氧的供应，产生适应性变化，回到平原能有利于代谢水平提高，从而提高运动成绩。根据高原训练生理变化规律，提出了“高住低练”和“低住高练”的训练模式，并设计了模拟高原训练环境的“高原屋”和“高原睡袋”等。

(3)多周期训练安排。随着世界游泳比赛模式的改变和商业化趋势加强，游泳运动员全年比赛活动更加频繁。据统计，高级游泳运动员全年参加比赛达到140项次左右，对传统的训展，使之适应了现代游泳训练中比赛性训练(活动)比例加大的特点，使大负荷高强度训练的掌握和调控更容易。

(4)从以体能发展为主，逐步转向以技术发展与体能并重的训练指导思想。当前一些游泳强国的教练员不再过分强调“力量、力量、再力量”，而更注重减小阻力，提高效率的技术训练，使游泳训练进入讲究动作效率和节省化的新的阶段。

二、中国游泳训练简况

(一)初始阶段(19 世纪末～1948 年)

1896 年以后，欧美竞技游泳开始传入我国，并在香港、广东、福建、上海、天津、旅顺等沿海城市开展。竞技游泳在我国的兴起，引起人们对游泳训练的兴趣，全国各地出现了很多游泳运动爱好者的组织，还相继修建了不少游泳池，自发进行游泳训练。1925 年上海商务印书馆出版的《游泳术》介绍了先进游泳技术。20 世纪 30 年代初，上海勤奋书局出版了《游泳的练法》和《近代游泳技术》等一系列游泳训练书籍，引进了当时国外游泳技术和训练理论与方法，促进了我国游泳运动的迅速发展和提高。20 年代至 30 年代中期，在远东运动会和全国游泳比赛中，我国运动员曾取得了一些好成绩。这一时期我国游泳训练的要点是数量少、强度低、注意技术的改进，处于训练的初始阶段。随后十余年，我国游泳竞赛活动基本上停止，游泳训练也没有发展，成绩在原地徘徊，拉大了与世界游泳水平的差距。

(二)形成发展阶段(1949 年～60 年代末)

我国游泳训练真正起步、形成和发展是从新中国成立以后开始的。新中国成立初期，游泳训练仍处于自发状态，从事游泳训练的专业人员屈指可数。游泳训练处于一种单一模式，量少，强度也不高，泳式单一，以长游和练习手、腿配合为主是这一时期训练的特征。然而，世界游泳训练已发展进入技术发展阶段和大运动量训练阶段。为迅速提高我国游泳技术和训练水平，教练和运动员们通过请进来、走出去的方式，学习和接受先进国家游泳训练方法与理论，邀请匈牙利和苏联专家先后来华讲学、指导训练，日本、英格兰、民主德国游泳队也相继来华比赛，同时中国游泳队还参加一些国际比赛。除此之外，选派优秀游泳选手到匈牙利、苏联训练，接受外国专家的指导。这些措施对迅速提高我国游泳运动水平起到了积极作用，使我们较早掌握了间歇训练、强度训练等先进训练方法。从50年代中期开始，我国便十分重视全面身体训练和陆上训练，重视游泳技术的改进和创新。

在技术方面，我国国家游泳队高度重视技术创新，先后发展了符合运动员个人特点的“高航式”“半高航式”和“平航式”的蛙泳技术，使我国男子蛙泳成绩迅速提高。100米蛙泳三人五次破世界纪录，200米蛙泳、短距离自由泳和蝶泳都进入世界前10名，我国游泳运动出现第一个黄金时期，缩短了与世界的差距。但由于对世界游泳训练积极开发体能、迅速增大训练负荷量的发展潮流认识不足，我国优秀运动员年负荷量只达到50万米左右（世界优秀运动员已达到130万米），且负荷强度也大大低于世界优秀选手。虽然蛙泳和一些短距离项目进入世界先进水平，但大部分项目，尤其是长距离项目仍然比较落后。

（三）大运动量训练阶段（60年代中～80年代初）

大运动量训练阶段包括了我国游泳发展的两个时期，即停滞下降时期和恢复上升时期。

为了尽快缩小与世界水平的差距，1964年在“三从一大”的训练口号背景下，游泳训练提出了“过强度关”的口号，使我国游泳训练发生了深刻的变化。首先，在年训练负荷上，从前一阶段男子35万～50万米、女子20万米，到1965年男子猛增到70万～90万米，女子也猛增到60万～70万米，这对当时游泳运动整体水平不高且数量、强度都较低的我国游泳运动员来说，大运动量训练的效果是显著的。其次在训练指导思想上发生了很大的变化，认为游泳比赛所需的是速度和耐力，比赛技术应包括出发、途中游、转身、冲刺、触壁技术、战术和体能，提出了围绕这一系列的技术和专项素质要求来安排训练。在训练中，我国也已开始注意在一般训练与专项训练相结合的同时突出专项身体训练。在训练分期上，我国仍然采用全年单周期训练模式。从国外学习的包干训练和间歇训练成为“文革”前的主要训练方法。1965年全国纪录除100米仰泳外，全部被刷新，打破纪录之多和提高幅度之大是空前的。

1966年我国游泳总体水平第一次接近世界水平（男95.03%、女89.62%）。“文革”十年中我国游泳训练、竞赛完全中断近五年，而世界游泳正处于迅速增长阶段，原本缩小的差距又拉开了。

1971年游泳恢复训练，同年澳大利亚的卡莱尔教练来华讲学，他的基本观点是大数量中等强度训练的思想。他认为速度能力源于耐力，耐力出速度。由于60年代中期，我国游泳尝到了大运动量训练的甜头，因此卡莱尔的观点，容易被我国游泳界接受，在整个70年代，我国游泳训练刮起了“卡莱尔旋风”。年总量由70年代初的75万～100万米（最大150万米），到1975年增加到110万～160万米（最大达240万米）。女运动员的训练吸取了国外选手例假期间使用药棉栓的经验，打破了历来例假期间不下水的传统习惯，迅速增加了总量。大运动量训练的结果是1973～1975年间中长距离都获得了大幅度的提高，但短距离提高较少，尤其是男子个别项目停滞不前。

1973年美国游泳队、跳水队来华访问，同年美国著名教练员盖兰应邀来华讲学，介绍了超长距离游、重复训练、间歇训练、速度训练和主项训练，充分体现了美国注重训练整体强度的训练模式和思想。然而，美国的强度训练思想在当时未能被接受，其原因是当时我国游泳运动员的基础和水平还不能适应。1979年，国际业余游泳联合会恢复了我国合法席位后，我国便加强了与国外游泳强国的互相学习与交流，并通过参加国际比赛积累了经验，这使我国游泳由封闭式状态逐步转为开放状态，促进了我国游泳水平的迅速回升。

1974～1978年的两届亚运会，中国游泳队未获一块金牌，对游泳界震动极大，《体育报》组织了“为什么亚运会游泳一块金牌拿不到”的讨论，经过大讨论，游泳界统一了认识，统一了思想，指出了当时游泳训练存在的问题和不足：训练思想保守，水上训练量少，年训练量相当于世界优秀运动员的三分之一到二分之一；身体条件差，身高普遍低于日本，力量训练不够，水中力量训练方法不当，专项能力弱，训练质量不高；在技术方面，动作频率、划水效果差，转身技术不理想，高肘划水动作、出发的反应、蹬跳、触壁技术不过硬；器材落后，体育科研、医务监督跟不上训练需要，远远落后发达国家。

这个阶段，我们重视了学习与引进，但缺乏创新，尽管运动水平迅速恢复，但没有取得突破性进展。

（四）科学化训练阶段（80年代初至今）

改革开放为我国游泳运动发展提供了契机，在加强对外交流、努力学习国外先进技术和经验的同时，不断总结自己正反两方面的经验，加速知识更新，逐步深化对游泳训练规律的认识。

“请进来走出去”是我国游泳运动发展的成功经验之一。1983 年民主德国游泳队来华，其中有著名世界纪录保持者，他们的身体形态、专项素质及技术水平给我国游泳界留下了深刻的印象。同年我国游泳队分赴澳大利亚、美国、日本等国训练比赛。1986 年民主德国游泳总教练克劳斯·鲁道夫、1988 年美国著名游泳专家康西尔曼和澳大利亚著名游泳教练丹尼斯及苏联游泳专家费先科相继来华讲学、指导训练，他们的游泳训练理论和观点对形成和发展我国游训练理论与方法起着重要的作用。美国游泳训练重视以拉力为主的各种力量训练方法，把训练课分成速度、速度耐力和耐力不同类型的课，一年分为两个大周期，训练负荷强度高，重视基本技术训练，常把一种姿势分解成许多局部动作，便于运动员掌握正确的泳姿。而民主德国的训练代表了东欧训练特点，对中国游泳界的影响主要有三个方面，即运用血乳酸指标监测训练、高原训练、训练内容和训练课的安排。通过学习先进训练理论与方法，在总结了多年训练经验的基础上确立了“耐力为基础、强度为核心、力量最关键、技术来体现”的训练指导思想。在训练安排上则提出：全面安排，有所侧重，因人制宜，讲究实效。这表明经过几十年摸索和实践，我国游泳训练正走向成熟，形成了一套科学化游泳训练理论与方法，为我国游泳第二次飞跃创造条件。

1983 年开始了游泳单项泳式的集训，集中全国的优秀选手、专家、学者和教练员，共同会诊与研究，统一了认识，交流了经验。随后又有计划有步骤地对年龄组游泳运动员进行集训，开创了我国游泳训练的新模式，发挥了集体攻关的优势，对游泳训练水平的提高起到了积极的推进作用。

在学习国外少年儿童游泳训练的先进理论与方法的基础上，认真总结了我国少年儿童游泳业余训练的经验，提出了“从小培养、打好基础、系统训练、逐步提高”的十六字方针，并组织游泳专家从 1984 年开始研究我国年龄组游泳训练教学大纲。历经 6 年时间，广泛收集了各年龄运动员的身体形态、生长发育、运动成绩、身体素质和技术参数等大量资料和数据，为制订我国年龄组游泳教学训练大纲提供了科学依据。1989年完成并实施的中国游泳年龄组教学训练大纲，对我国游泳后备人才的培养起到了指导作用，对保证游泳后备人才的科学化训练产生了深远影响。

游泳训练理论与方法的突破，使中国游泳成绩迅速提高，冲出亚洲走向世界的战略提到了议事日程，并确定了以短距离项目和蛙泳作为突破口。从1982年新德里亚运会首次夺得三枚金牌，到1990年北京亚运会全面战胜日本；从1984年中国游泳运动员首次出现在奥运会赛场，到1988年亚洲游泳锦标赛杨文意在中国游泳沉默了28年后再次打破世界纪录，中国游泳开始了第二次腾飞。

这一阶段训练的特点是，重视技术创新和心理训练，强化专项力量训练，充分挖掘运动员体能潜力，提高整体训练效果，并形成了我国高水平游泳运动员科学化训练的主要经验：

(1)用理论指导训练实践，用科学手段监测和调控训练过程，以能量代谢分类训练方法与类型，运用血乳酸—速度曲线调控训练过程；

(2)游泳力量训练与专项的紧密结合，强调力量训练符合专项能量代谢，符合专项技术结构与特点，力量训练要全年系统安排；

(3)采用多周期训练模式提高训练系统性和效益，形成了全年3～4个周期训练模式；

(4)大赛前采用高原训练提高竞技能力；

(5)重视游泳技术的创新；

(6)在总结多年龄组训练的基础上，形成了一套选材模式和多年龄系统训练的体制；

(7)重视对高水平选手进行以激励因素为主的心理训练，提高运动员个性心理素质，激发动机，树立正确的训练观和比赛观，增强运动员信心，激发更高的训练热情和更强的比赛欲望。

第二节　游泳训练的目的、任务与内容

一、游泳训练的目的、任务

游泳训练的目的，是在游泳训练的全过程中不断提高运动员游泳

竞技能力，在比赛中创造优异运动成绩，为祖国争光。其具体任务是：增进运动员身体健康；提高运动员的专项运动技术、战术水平，并能在比赛中充分发挥，同时提高理论知识水平；培养运动员参加训练和比赛的良好心理素质和品质；教会运动员进行训练的组织和指导工作的基本知识与技能，培养独立的自我训练能力；进行政治思想教育，培养高尚的道德情操，发扬良好的体育作风，坚持顽强拼搏的精神。

二、游泳训练的基本内容

为达到游泳训练的目的，实现游泳训练的任务，整个训练过程中所包含的训练内容是多方面的。在现代训练理论中，训练的基本内容是指运动员训练发展所涉及的主要方面，反映对运动员培养（训练）的基本导向。游泳训练的基本内容，主要包括身体训练、技术训练、战术训练、恢复训练、心理训练、智能训练、思想政治教育七个方面。

（一）身体训练

身体是运动成绩的物质基础，游泳运动员身体训练旨在建立扎实的体能基础。身体训练水平的发展，在于身体基本素质的提高，即力量、速度、耐力、柔韧等发展水平。游泳运动员身体训练从训练环境分类，包括陆上身体训练和水上身体训练。从训练性质分类，包括一般性身体训练和专项性身体训练。游泳运动员陆上身体训练主要发展力量、柔韧性、协调性、灵敏性等素质。水上身体训练主要发展水上运动能力和提高专项身体训练水平。

（二）技术训练

技术训练的任务是学习和掌握专项运动技能，提高专项技术水平。技术训练与技术教学是紧密结合在一起的，技术训练是技术教学的深化，因而要遵循教学的一般规律、技能形成和技能迁移规律。技术训练还要考虑运动员个人特点。技术训练最本质的特征，就是保证运动员在比赛中为创造最好成绩而有效地发挥机能潜力。

（三）战术训练

在周期性运动中，比赛战术的主要内容体现在运动员能否在比赛进行中使技术与机能处于最佳结合状态，这种能力主要表现为调整动作节奏，改变划距、划频，修正技术上的动力性和运动性参数，以保证体能在比赛中得到充分发挥和合理分配。

一般认为，战术训练应建立在战术计划和实际行动要求的身体素质、心理素质、技术训练水平和理论知识相适应的基础上。周期性项目战术训练需要选择适合运动员个人的通过各段距离时间的方案。这一方案，并不取决于主要竞争对手的行为，而是在于运动员准确地控制自己游速的能力。因此，游泳的战术训练实质是培养运动员速度感。

（四）恢复训练

训练与恢复是现代运动训练的两大主题。恢复对于像游泳这类的体能性运动项目，更具有举足轻重的作用。没有恢复，就不可能进行训练。

训练、比赛的能量消耗通过恢复活动得到再生。训练之间的恢复有利于后继训练的完成，比赛前的恢复使体力水平得到复原或超量提高，有利于比赛创造优异成绩。因此，训练、比赛和恢复处于同等价值的地位。恢复形式、手段与方法与训练和比赛有区别。游泳训练恢复的内容与方法有训练方法、医学物理学方法和心理恢复等。游泳运动员从水上转换到陆上，从专项训练转换到一般训练等，也都包含恢复因素。但这种形式和方法，主要以调节机制为主，使负荷转移，促进恢复。合理安排训练本身就是最好的恢复。

（五）心理训练

心理训练已成为现代训练的重要内容，影响着运动员在重大比赛中水平的发挥。训练学专家认为：运动竞赛取决于运动员身体素质、技术水平和心理状态三个方面因素，在身体素质、技术因素差距越来越小的情况下，心理状态起着至关重要的作用。在对重大比赛失败运动员的调查结果中发现：20％属于技术能力，80％属于心理失常。因此，在现代训练中，对心理训练提出了更高要求：心理训练与专项训练紧密结合，教练员应在运动员做各种专项准备练习的过程中，特别是在完成比赛动作时，有目的地把改进心理调节功能作为心理训练的一个独立的方面，这对提高专项训练水平具有重要意义。在多年训练过程中使运动员始终保持不断提高的愿望，是现代心理训练的主要内容。

（六）智能训练

运动员智能发展水平如何，决定了他在训练中的领会能力和在比赛中的应变及自我发挥能力。智能低下者很难适应高水平的训练和比赛要求。因此，发展运动员的智能，是现代运动训练的重要内容之一。

（七）思想政治教育

运动训练过程是培养人、教育人的过程，因此，在训练中进行思想政治教育必不可少，它能使运动员具有高尚的情操，更积极、刻苦地训练，自觉地为国争光。

第三节　运动训练原则在游泳训练中的运用

运动训练原则是运动训练规律的客观反映，是人们在运动训练实践中不断总结经验吸取教训的结晶。它反映了人们对运动训练过程中客观规律的认识。认识是无止境的，运动训练原则也应是动态的和发展的，只有这样理解和运用运动训练原则，才能在错综复杂的运动训练过程中，掌握运动训练规律，提高运动训练的质量。

游泳运动训练是运动训练的一个分支，具有双重属性，既有运动训练的共同特征，又有游泳运动自身的特征。因此，运动训练原则运用于游泳训练实践，要体现游泳训练的特点，反映游泳训练的规律。

一、一般训练与专项训练相结合原则

人体是一个有机整体，局部功能的优势建立在人体各器官系统间的相互依赖和共同参与的基础上。一般训练和专项训练属于全面身体训练的两个方面。一般训练旨在全面发展运动员的身体素质（运动能力）和提高健康水平。虽然全面身体素质不属于运动专项的特殊运动能力，但它在一定程度上决定了专项运动成绩。如果只进行专项训练，机体各系统的机能得不到加强，那么那些对专项直接起作用的系统也不可能得到很大的提高。一般训练提高了机体功能的总体水平，为专项训练奠定了良好的物质基础。

现代运动训练提出了一般训练专项化、定向化的理论。因此，游泳运动项目的一般身体训练具有与其他运动项目不同的特点。游泳运动员一般训练包括陆上、水上两个方面，陆上如各种跑、各种力量练习和柔韧体操等，水上包括蹼泳、水球、花样游泳、江河湖海长游等。这些内容发展和改善了游泳运动员机体供能系统功能，提高了肌肉力量、柔韧、灵敏、协调性水平和平衡能力，也促进了游泳专项体能的全面发展。

随着游泳运动水平的迅速提高，训练专项化、个体化特征也越来越明显。据统计，近几年世界游泳大赛中，已经很少有人在2～3个项目的比赛中夺取金牌，这表明运动员达到自己的最高水平，也只能在自己的天赋条件所能胜任的项目（主项）上，通过专项训练取得优异成绩。没有专项训练就不可能创造高水平运动成绩，也就不可能在比赛中夺取胜利。因此，专项训练是竞技运动的必然要求。专项训练应在广泛的一般训练基础上深入专项化。专项训练包括比赛练习、专项练习。比赛练习是最完整的专项动作，在完成时尽可能保持与专项的比赛条件相同的形式，因此，它也是最直接的专项训练，任何手段和方法都不能代替。现代运动训练的特征之一就是运动员比赛次数增加。据统计，世界优秀游泳运动员的比赛练习占全年训练总量的10%～15%。比赛练习又可分为正式比赛、训练比赛，后者又称为测验。比赛练习增多，反映了训练的专项化倾向。但比赛练习也不能代替其他训练，因为比赛练习对运动员提出的特别要求，其作用效果较单一和局限。游泳专项练习应具备三个特征：

（1）完成练习的动作结构（泳式）符合专项特征；

（2）完成练习的运动形式（手、腿、配合游）符合专项特征；

（3）完成练习时的能量代谢特征符合专项要求。

一般训练和专项训练在不同训练阶段，各自的内容也发生相应的变化，反映两者的交替性和转换性。如在初训阶段专项训练就是竞技游泳训练，此时尚未确定主项、副项，而竞技游泳以外的训练是一般训练。随着训练的深入，一般训练和专项训练范围开始变窄，高水平运动员专项训练局限到主、副项训练的内容，而非主、副项训练纳入一般训练或辅助性训练。一般训练和专项训练内容的相对变化使我们能正确理解两者的相互关系，正确区分不同训练阶段两者的属性、形式和性质，有利于调控训练过程。

一般训练的多样性、广泛性和全面性是以专项运动特点为前提的。一般训练应在一定程度上反映专项的特征，使练习效应转移到专项中去(训练程度迁移)，在训练中要注意不同泳式和长、中、短距离的搭配，高、中、低强度的结合，以及不同方法的结合。而专项训练是以专项运动特点和个体化为核心的，要突出专项特点和个体特点，重点发展专项技术、专项能量代谢系统、专项力量和专项心理素质，以适应专项活动需要，同时要发挥运动员个体特点。

一般训练和专项训练的比例及一般训练的内容，在很大程度上取决于多年训练和全年训练的安排。一般来讲，训练早期，一般训练的比重较大，随之专项训练的比重逐渐加大。在全年训练安排中，一般训练在准备期为30%～60%，竞赛期不超过10%～25%。运动员生物改造和专项运动能力提高，是长期训练的过程，一般训练与专项训练应有计划、有目的，要科学系统地安排。

正确处理和科学安排陆上训练和水上训练，明确陆为水用、水陆结合的关系。陆上训练已成现代游泳训练的重要组成部分，对提高游泳运动成绩有着重要的促进作用，尤其在发展游泳运动员力量、柔韧和协调等身体素质方面效果显著。正因为如此，世界优秀游泳运动员都较大幅度地增加了陆上训练，如20世纪70年代苏联游泳运动员每年陆上训练为120小时，80年代340小时。90年代，美国游泳运动员把增加陆上力量练习作为强化训练过程的主要方法。当然，游泳运动员主要是水上训练，游泳速度、耐力主要靠水上训练获得，技术也是通过水上训练掌握和提高的，水上训练获得的素质能直接为提高游泳专项水平服务。

二、系统训练原则

训练是一个连续变化的过程，是训练效果积累和生物改造的过程，这一变化过程，依赖于长期的训练。有关研究表明，培养一名世界优秀游泳运动员，一般需要6～10年的时间，经历初级训练、基础训练、取得优异成绩和保持高水平训练四个阶段。而训练的系统性是整个训练过程有机衔接、逐步提高的重要保证。

游泳运动训练是依全年和多年训练的顺序安排的，各计划、各阶段之间要保持紧密联系，反映训练阶段、训练期的训练特点。基础训练阶段，全面打好基础是训练重点，要注意各素质之间的正、负迁移现象，要注意少年儿童不同素质敏感期的优先发展问题和运动成绩的增长与身体生长发育相适应等。在专项训练阶段，应在全面训练基础上深入专项化训练，专项训练与一般训练的比重、水陆结合的比例、专项技术与全面技术训练的结合、比赛练习与专项练习及各训练内容逐步专项化等应有目的、有步骤、科学地安排。

训练效果是建立在训练效应积累的基础上。在多年训练中各年度之间，全年训练中各训练期之间、课与课之间、练习与练习之间，都存在训练效应的迁移和积累。俄罗斯训练学家马特维也夫把训练效应分成即刻效应、痕迹效应和练习系统的叠加效应。即刻效应的特征是直接在练习时机体出现的变化和在练习结束机体功能状态中出现的变化，如游泳训练中，负荷后血乳酸值变化和心率变化等。这些变化反映了负荷的性质和对机体刺激的程度。痕迹效应是完成练习后遗留的，并根据恢复过程和其他过程（练习所引起）的动态而变化，是训练的后作用，是机体系统对该练习作用的应答反应，最常用的是运用次日晨脉来评定前一天的训练的后作用（机体恢复）情况。即刻效应作用了痕迹效应（后作用），这种反复的长期作用和累加，便产生练习系统的叠加效应。随着时间的推移，训练的叠加效应使机体出现了本质性的适应性变化，很有提高的可能性，形成和巩固了运动技能，发展了运动能力及其有关的能力。在训练阶段、时期、周、课、练习之间要注意训练内容及方法手段等的衔接。这种衔接体现在前后训练效应的相互作用：首先，后继训练是建立在前一训练阶段、时期、周、课、练习的基础之上的；其次，训练效果的传递不是简单的重复，而是对前一训练的深化和提高。

现代运动训练认为，训练与恢复是一个有机的整体。训练是为了提高，恢复是为了更好地训练、更好地提高。负荷—疲劳—恢复—再负荷，构成了现代运动训练的基本模式。基本模式集中反映了人体在训练过程中遵循着生物学的一条重要的规律，即不适应—适应—再不适应—再适应过程。合理安排负荷与休息是系统训练最基本的要求。

在现代游泳运动中，高水平运动员每天训练2～3次，运动训练的不间断性得到了高度的体现，形成了密集的负荷和休息制度。调整和休息是包含在训练过程中的，而不是被动或附属手段，实质上它是一种训练的补充。科学合理地安排训练—调整—休息，能及时消除疲劳，提高训练效果，保证整体训练水平螺旋式上升。训练与调整、疲劳与休息的有机结合应该是积极地融入训练体系之中，如游泳中主、副项姿势转换训练，调节主项训练引起的局部疲劳，水陆交替，一般训练与专项训练交替，大、中、小负荷结合等，在训练中都是有效的调节手段与方法。调整要服从训练总体目标，这样才能保证训练的系统性和不间断性。

三、合理安排运动负荷原则

运动负荷包括数量和强度两个方面。在游泳训练中，数量是指一年、一周、一天或一次课游泳的总量，包括练习次数、时间、距离总量。而强度是指练习质量，包括计时量、速度。数量以基础、强度为核心，是人们对训练中负荷认识的基本观点。游泳比赛是比同等距离运动员游进的快慢，是比速度、比强度的竞技运动。但强度又是建立在一定负荷量的基础上，两者既相互促进又相互制约。数量的作用是基础性的，引起机体变化是缓慢而持久的；强度具有专项特征，对机体刺激作用大，机体应激反应也大，建立的适应性效应是暂时性的，且易消退。数量与强度相辅相成，互为补充，任何追求单一效应的训练都是不全面的。因此数量与强度的有机结合，始终是运动负荷安排的难题。当前游泳训练负荷的特征是总负荷高，负荷作用方向的专项化明显。

现代游泳训练运动负荷安排的特征是渐进性增加运动负荷与极限性负荷的统一。追求最大负荷并进行科学安排，是提高运动成绩的有效途径。运动负荷的增加受生物学应激的局限性和负荷对象现阶段水平的制约，是一个动态发展和逐步提高的过程。

负荷安排的合理性体现在两个方面：其一，负荷刺激对负荷对象生理、心理的影响是良性的，有利于加快其生物适应能力，即最佳负荷;其二,最佳负荷是相对的,随负荷对象在不同训练阶段的训练任务、身体状态、训练程度的不同而变化。合理安排负荷要明确下列概念并处理好几个关系:

(1)运动负荷的性质是负荷数量、强度和作用方向,决定着运动员体内适应过程发展的方向、速度和程度。因此,负荷作用方向是合理安排运动负荷必须考虑的又一个因素。任何负荷都存在潜在的作用效应。负荷可分为训练负荷、比赛负荷、一般负荷和专项负荷,这些不同性质的负荷类别,构成了各自不同的主要作用方向,对训练效果产生影响。

(2)训练负荷和比赛负荷。训练负荷指日常训练课安排的总负荷,比赛负荷指正式比赛和非正式比赛的总负荷(时数)。世界优秀游泳运动员一年比赛多达120～140项次。比赛负荷增加是现代游泳训练的基本特征之一。由于比赛负荷的最大特点是量小但强度极高,心理负荷大,并有规则的严格要求,是促进适应性反应和使技术、战术、体力、心理、素质、能力统一起来,以获得规定成绩的"整合训练"的最强有力的手段,因而其成为提高专项负荷的重要手段。以赛促练、以练促赛,反映了游泳训练中人们对比赛负荷和训练负荷的正确认识,也排除了以赛代练的训练误区。训练负荷相对比赛负荷数量大、强度低,且心理负荷不高,具有基础性的训练特征。专项负荷是指负荷符合专项动作协调的基本指标和身体基本机能系统的特点以及比赛活动特征。它同一般训练负荷的区别就在于完成负荷时技术(泳式)动作的外部形态和动作协调结构的性质,肌肉活动的特点和植物性机能的反应特征被限制在专项特征的狭窄区域内。普拉托诺夫认为:"训练过程的效率不仅取决于专项负荷,而且取决于专项负荷与非专项负荷(一般性和辅助性的负荷)的结合情况,在多年训练不同阶段上利用全部多样化手段,是决定训练过程有效程度的一个决定性因素。"

负荷作用方向还反映在对能量系统的影响,发展不同的供能系统功能取决于负荷的结构(距离、速度、重复次数、间歇时间、休息方式),根据能量系统分类安排训练计划和运动负荷是游泳训练的趋势。

(3)游泳负荷。除了具有数量、强度、距离、时间密度等一般特征外,还有陆上、水上之分,有不同姿势之分、分解与配合泳之分,这些因素对游泳负荷都构成影响。陆上与水上训练的交替与转换,不仅反映在训练内容上,而且反映在负荷上。如陆上力量训练的负荷一般要高于水上训练,但心肺功能的影响不如水上训练,而且陆上训练负荷大多是属于一般训练或辅助训练负荷;而水上训练负荷从游泳角度上讲属于专项负荷,又可从主项、非主项来区分负荷的特征,不同姿势分解游、配合游等负荷性质,作用方向都不相同,构成了游泳运动负荷的多样性和多重性。因此,世界优秀游泳运动员运动负荷中陆上、水上、不同泳式、技术动作分解与配合等的比重和搭配方式,所表现出的负荷特征,是合理安排游泳运动负荷的另一种艺术。

(4)负荷发展的基本要求是小、中、大负荷有效结合,负荷与休息交替,保证负荷的增长趋势(发展)。负荷发展动态变化的基本形式主要有平稳上升形、阶梯形和波浪形三种。三种负荷动态形式,反映了训练对负荷的要求。平稳上升形增加负荷使运动员容易对负荷适应,并能巩固训练程度,适合早期训练和年度训练计划中的准备期;而阶梯形能强化训练程度的发展,引起机体深刻的适应性改造,一般用于强化训练;波浪形是常用的负荷动态变化形式,最能反映负荷小、中、大动态变化的特征,使渐进增长和跳跃形增长与定期相对降低负荷自然结合,从而能保障快速地发展训练程度,而不易出现训练过度的现象。波浪形负荷动态发展形式,既适应于多年训练负荷安排,也适应于全年各训练期的负荷安排,合理安排训练负荷的艺术就体现在小周期中的负荷动态与训练中周期、大周期的典型负荷趋势之间保持吻合。

四、周期性训练原则

训练、比赛构成了运动训练的两个基本要素,也是运动训练的基本规律之一。训练的周期性实质在于系统地重复各个完整的训练单元,始终对应于主要的比赛活动。因此,训练就应遵循保障运动员通过训练获得最佳的准备效果的规律来安排。在训练年度中合理地划分全年训练周期,科学地安排各周期的任务、内容、负荷、方法与手段及训练各参数、比重等,对运动员在比赛中保持最佳状态和创造优异成绩有着直接的作用。

训练周期是由训练过程的环节和时期(课、阶段、期)组成的,是一个相对完整的系统和可重复的序列。这种重复和循环应该是递进式地、螺旋上升式地进行,并通过新的或强化的训练内容、负荷、方法与手段,训练各参数、比重的改变,使运动员不断在新的、更高的训练基础上,提高训练水平,创造优异成绩。

为适应现代游泳竞赛活动,全年训练周期划分发生了很大的变化,形成了多周期训练理论,从传统的单周期和双周期模式中形成了把全年训练划分为3～5训练周期的模式,以适应全年多次参加比赛的需要。我国自20世纪80年代后期开始也采用了多周期训练模式,将全年训练分为3～4个周期。多周期训练的主要特点是周期跨度短,最长10～15周,训练容易控制,又能有效地提高训练强度和训练效益,不易使运动员在训练中产生疲劳积累,便于在重大比赛中达到最佳竞技状态。周期化训练应注意以下几个问题:

(1)周期的划分和周期结构的设计要依据全年比赛任务确定。全年划分几个训练周期,不能脱离多年训练计划中各年度训练的总框架。在少年儿童基础训练时期,全年训练安排一般为1～3个周期;进入专项训练阶段后,全年训练可划分3～5个周期。目前,绝大多数国家以奥运年为依据,制订世界优秀游泳运动员多年训练计划时,各年度训练周期的划分也不一致。一个训练周期的构成,即周期结构,应以专项运动能力和竞技能力的发展为依据,由训练期、竞赛期、恢复期等中周期组成,各中周期又由小周期(周计划)组成。

(2)各训练周期必须系统地重复训练内容的各个主要部分(核心训练)。重复即强化,以保证训练的主要方向不变和训练目标的实现,并根据比赛要求,不断提出新的训练要求和确定新的训练任务。

(3)结合各周期的训练任务、内容、负荷指标和作用方向,选择和安排各种训练手段与方法,确定训练各参数和比重。训练手段与方法具有"时空效应"特征,即训练手段与方法的效果,受作用对象的身体状况、使用地点和时间的影响。同时要调节各训练周期的运动员负荷参数、运动负荷作用方向,使负荷的动态发展符合超量恢复原理;负荷作用方向符合各能量物质恢复的异时性特点,使总负荷满足专项训练的需要。

(4)注意各周期间的紧密衔接。各个周期的任务都受全年训练总目标的约束，任何一个周期、一个阶段的训练安排都应看作是与它的年训练结构形式相联系的。各个训练周期、各个训练阶段的训练任务、内容、负荷动态变化、训练方法与手段等，彼此之间既有联系又有区别，既是必要的重复又是训练的深入和强化，共同构成一个有机的整体，使运动员在全年训练过程中保持良好的训练状态，在全年主要比赛中保持最佳竞技状态。

五、区别对待原则

现代训练的极端个体化，是区别对待原则在训练中运用的集中体现。运动训练是不断把运动员生理、心理活动推向极限的过程，运动员个体情况对训练效果的影响极为突出。因此，在运动训练过程中，要根据运动员的个人特点，科学地确定训练任务、内容与方法、手段和运动负荷。实际上，现代训练专项化、个体化特征，不仅反映在运动员个体间的身体差异对训练效应的影响上，而且反映在运动员个体间不同专项之间的训练特点对训练效果的影响上。

在训练过程中，运动员的个体差异随训练深化而反映得更加突出。运动员个体差异主要反映在两个方面：

首先，反映在运动员个体之间。运动员身体生长发育水平及程度、身体形态、机能健康状况、性别、智力水平、心理素质、训练因素及社会背景等的不同，都影响训练的全过程。在训练中我们不应只注意共性而忽略个体的特殊性，只有在训练安排符合运动员个体的具体情况和要求的前提下，训练效果才能体现出来。尤其在高水平运动员训练阶段，这种训练计划的极端个体化更为明显，如游泳技术训练、个人技术风格、个体主项优势等都体现了显性指标和潜在指标的差别。在早期训练阶段中，运动员主项的选择和确定，就是教练员对运动员个体运动潜力的诊断和预测。特别是训练内容、运动负荷、心理训练的安排，应使全队共性计划与运动员个体计划紧密结合。同样，区别对待还反映在训练后的恢复、营养计划等方面。

其次，反映在运动员个体的动态发展方面。运动员生理、心理活动是变化的，训练水平也随训练程度的加强而提高，因此，区别对待原则的运用也应是动态的和发展的。由于个体的动态发展必然导致个体差异的时间序列变化，使训练的整个过程都处在不断认识运动员的过程中，所以说运动员训练状况、比赛活动是制订、修正和变换各类训练计划的两个根本依据。

少年儿童游泳运动员年龄和生物发育对训练影响极大，不同年龄阶段训练因素的可变性及其规律、素质优先发展等都会影响训练的效果。在这一时期，训练中考虑运动成绩的提高与运动员身体发育、心理发展相适应极为重要。进入发育成熟的成年阶段，影响训练效果的因素主要反映在训练结构的个体差异和专项化程度的水平上。最大限度地激发潜力、发展和提高运动能力是训练的核心。

深入了解和正确评价运动员个体特点，及时发现运动员训练中的主要矛盾，决定着训练计划制订和实施的有效性。在制订训练计划时，首先要深入了解和建立运动员训练档案，其次要在训练的不同时期和阶段选择典型指标定期测试，掌握运动员训练水平变化情况，评定训练水平。

第四节　游泳训练负荷与恢复

一、游泳训练负荷

运动负荷是以身体练习为基本手段对运动员有机体施加的训练刺激。游泳训练就是采用施加运动负荷的方法，有意识地打破体内环境的相对平衡，使之适应新施加的负荷，发生向较高功能水平的转化，使运动员的竞技能力得到提高。因此，合理的训练负荷是游泳训练中的一个决定性因素。

（一）游泳训练负荷的组成因素

人体对运动负荷的刺激所做出的反应表现在生理和心理两个方面。人的生理活动与心理活动是密不可分的，尤其是生理负荷指标可以进行定量测量，因而在训练中往往通过数量和强度指标来评定训练负荷。数量和强度是游泳训练负荷中的基本因素。数量是指全部训练时间内的游距，它表示机体承受刺激的数量特征。强度表示的是刺激的深度，而影响运动训练效果的当属运动强度。不同的指标仅代表着机体的某一部分的刺激深度，例如血乳酸代表能量代谢系统，心率代表心血管系统，肌肉弹性的变化代表肌肉系统等。教员评定训练负荷，必须综合各种指标进行全面的分析，才能作出准确的判断。

训练负荷：数量——距离、次数。

强度：完成成绩、完成方式、间歇时间（密度）、休息方式。

（二）评价强度

在训练实践中，评定游泳训练负荷强度有各种不同的方法，在此仅介绍几种常用的方法。

1.以最好成绩为100%强度来评定训练负荷、强度

计算公式：$X = Y + Y(100\% - Z)$

X：成绩要求。Y：最好成绩。Z：完成该练习所要求的强度百分数。

例：某运动员100米自由泳最好成绩是55秒，在进行一组8×100米训练时，要求强度为90%，则每个100米应游的成绩为：

$X = 55.00 + 55.00 \times (100\% - 90\%) = 55.00 + 5.5 = 60.50$

2.以运动员感觉的“用力程度”评定强度

训练过程中，以全力游为100%强度作为基础，用多少百分比力量游就是多少度。例如教练员让运动员用90%的力量游，即强度要求为90%，但这样确定强度有很大的主观性，会受心理因素影响，因为它是以运动员的情绪和感觉为依据的。在疲劳或身体情况不好时，全力游的成绩差别很大。苏联的一个研究材料表明，高水平运动员在正常和疲劳的情况下以同样的感觉，以50%的力量去游200米，成绩相差30秒。

3.按照心率评定强度

利用心率来评定训练负荷强度是经常而广泛使用的一种方法。它由于简单、实用而受到大家的欢迎。但由于受最高心率的限制，在评定训练负荷时有一定的局限性，例如运动成绩可以不断提高，但高心率不会再增加。可是用心率来评有氧训练还是比较准确的。

(1)最高心率。

最高心率受遗传影响，有较大的个体差异，并由于年龄的增加，最

高心率会下降(表 3-1)。

表 3-1 最高心率(普通人)(单位:次/分)

年龄	男	女
10～11 岁	211	209
12～13 岁	205	207
14～15 岁	203	206
16～18 岁	202	202
19～24 岁	194	198

世界优秀运动员的最高心率:

威克姆(女),澳大利亚,400 米、1500 米自由泳世界纪录创造者,31 次/10 秒。

帕金斯(男),澳大利亚,1500 米自由泳世界纪录创造者,30 次/10 秒。

阿姆斯特朗(女),德国,200 米自由泳世界纪录创造者,32 次/10 秒。

赖莉(女),澳大利亚,200 米蛙泳世界纪录创造者,35 次/10 秒。

布朗(女),澳大利亚,100 米蛙泳,35 次/10 秒。

(2)基础心率。

基础心率与最高心率和恢复心率有着密切的关系。下表为儿童游泳运动员的基础心率(表 3-2)。

表 3-2 儿童游泳运动员基础心率(单位:次/分)

年龄	性别	平均次数	标准差	最高	最低
11～13 岁	男 $n=24$	56.25	4.62	62	48
	女 $n=29$	57.18	4.56	74	50

(引自李文静等《儿童游泳运动员有氧训练手段模式研究》,1997)

(3)恢复心率。

心率恢复快,表示负荷强度小或机能状态好,一般以即刻到 10 秒钟、30～40 秒钟、60～70 秒钟三次心率相加,次数越少,负荷量越小、机能状态越好。

课后 5～10 分钟的心率:恢复到课前,小负荷;比运动前快 2～5

次/10 秒钟，中负荷；比运动前快 6～9 次/10 秒钟，大负荷。

(4)利用心率为训练强度分级(运动后即刻)。

大强度 30 次以上/10 秒钟

中强度 25 次/10 秒钟

小强度 20～21 次/10 秒钟

(5)俄罗斯五级强度(运动后即刻)。

五级不考虑

四级 30 次以上/10 秒钟

三级 26～30 次/10 秒钟

二级 21～25 次/10 秒钟

一级 20～21 次/10 秒钟

4.以血乳酸评定训练强度

血乳酸是糖酵解过程中的代谢产物，它与运动强度有着密切的关系。血乳酸的首要作用是为运动强度分级。它是高水平运动员进行训练中最有效和比较成熟的训练监控手段。

运动后，测量血乳酸值，可以评价运动员的负荷强度。游泳 50～200 米项目，通常运动后 3～5 分钟达到高峰。距离加长，乳酸峰值出现较早。血乳酸值低意味强度较低，运动员主要以有氧供能方式完成运动。反之，血乳酸值高，则说明他的运动强度高。

训练水平高者耐乳酸能力强，以我国优秀游泳运动员与民主德国选手在 1986 年训练中血乳酸值对比来看，在血乳酸值为 3mmol/L 时，两国选手游速相等，但血乳酸值达到 4～8mmol/L 时，我国选手却比民主德国选手相对游速的下限慢 1.2%～3.5%。乳酸值越高，游速差距越明显，说明训练水平低者耐乳酸能力差。竞技水平高者血乳酸值高。随着训练水平的提高、游速的加快，血乳酸值也相应提高，以我国男子优秀游泳运动员为例，1979 年，200 米自由泳当时平均游速为 2：01.00，血乳酸平均值为 12.4mmol/L($n=10$)，1986 年，平均游速提高到 1：57.83，血乳酸平均值为 16.2mmol/L($n=6$)。运动员在比赛期和赛前安静时的血乳酸值也高于平时，这是由于赛前神经系统处于紧张状态，儿茶酚胺类物质分泌增多，促使糖酵解代谢加强的结果。性别、年龄对血乳酸的影响也有很多学者进行了研究。

二、恢复

训练比赛都伴随着能量的极度消耗和疲劳产生，这种情况实质上制约了人体运动无止境的可能。因此，能量补充、再生、消除疲劳，从而恢复体能(运动能力)成为继续训练和比赛的先决条件。人体在训练过程中的消耗—补充、再生—再消耗—再补充、再再生的周期性变化，使训练与恢复有机结合，促进了运动能力的提高，恢复变成了提高训练效果的重要保证。训练与恢复的交替与结合不是简单地在同一水平面上的重复，而是机能不断提高的需要，恢复为训练效果的发挥(创造优异成绩)提供了体能的准备。恢复不仅是指体能上的复原或提高，也包括对心理上的积极作用。训练与比赛使生理、心理都处于高度紧张状态，恢复训练能使运动员身心的紧张状态得到放松缓解。

人体机能和能源物质由负荷后的暂时下降和减少的状态回到并超过负荷前水平的过程称恢复过程。许多研究证明，在运动后的恢复阶段，被消耗的能源物质含量不仅能恢复到原有水平，在一段时间内甚至会出现超过原来水平的情况，被称为超量恢复。如不给予新的负荷，超量恢复保持一段时间后又会回到原来水平。

(一)人体恢复过程的特征

1.恢复动态曲线

恢复过程与时间有关，但恢复速度并不与时间成正比关系。有研究证明，恢复期前 1/3 时间约恢复 70%，1/3 时间再恢复 20%，随之减缓，在后 1/3 段仅恢复 10%。如果运动员过度疲劳，其恢复过程的变化更为复杂，常伴随着病变因素。恢复动态曲线表明，在最佳负荷范围之内，运动员的体能恢复(90%)只需恢复期的 2/3 时间。最初的恢复手段与措施极为重要，也可以此作为评价运动员恢复能力和负荷大小的客观指标。

2.恢复过程的异时性

激烈运动时，人体机能处于高度紧张状态，表现出极高的水平，游泳运动员心率可达到 220 次/分，并伴随着能量物质的极度消耗。功能水平复原，能量物质补充、再生都在运动后恢复期完成，正常情况下功能水平恢复得较快，心率、血压在激烈运动后20～60分钟恢复到安静水平，血乳酸等代谢产物清除速度稍慢，恢复到安静水平约需要60分钟以上，而能量物质恢复的异时性更为明显，研究证明，糖类物质恢复到运动前水平需4～6小时，蛋白质需12～24小时，脂肪、维生素和各种酶则需24小时以上。恢复过程的异时性为合理安排训练、营养补充和搭配等提供了依据。

3.超量恢复

恢复对训练效果的促进作用，不仅使运动能力、能量物质恢复到负荷前的原有水平，而且能实现超量恢复，使机能水平、能量物质水平高于负荷前水平。这样，后继的训练就建立在更高机能、物质水平的基础上，不断重复，必然会促进运动员运动能力和运动成绩的可持续提高。超量恢复机制和原理，是奠定训练学的基本规律之一。恢复训练的目的就在于通过多种有效的恢复手段与措施，加快运动员负荷后的恢复速度，保证超量恢复的实现。

（二）恢复方式与手段

1.恢复方式

在运动训练实践中，有两种恢复方式。

（1）积极性恢复。在训练或比赛之间或之后进行强度较小或其他形式练习的恢复方式，使机体在运动后仍保持一定的代谢水平，可加快恢复过程。

（2）自然性恢复。在训练或比赛之间或之后，机体按日常作息或处于静止状态获得恢复的方式。

2.恢复手段

按照所属学科，可将恢复手段分为训练学、医学物理学、心理学三类恢复手段。

训练学恢复：通过训练的调节，提高恢复能力，即以训练促进恢复，这是恢复过程最直接的手段。通过运动负荷大、中、小结合，游泳不同姿势的搭配，训练内容的有效组合，负荷后的积极性休息、整理活动，以及牵拉工作肌群等措施与手段，提高机体的恢复能力，消除疲劳，因此，合理、科学的安排训练是促进恢复的有效途径。训练中，教练员训练计划的制订应该从两个方面考虑：其一，训练负荷的作用方向、强度，决定着疲劳部位和疲劳性质，影响恢复的速度；其二，训练计划的科学组合。同样的负荷，组合结构不同，疲劳程度也不同。

在训练计划中，训练的主要内容（主要强度）和练习之间的转换安排很重要，通常以放松游促进恢复。有关研究证明，优秀游泳运动员极限负荷后放松活动强度影响血乳酸清除的速率，用50%～60%的强度慢游或技术游，其血乳酸消除最快，从而说明积极性休息的效果也同样受强度因素的影响。这类研究的重要意义在于使人们认识到，放松活动同样要考虑用最佳强度来提高恢复的效果，才能真正把恢复放在与训练同等重要的位置。

合理安排训练还与训练、休息的安排密切相关，休息包括训练之外的活动，如学习、娱乐和睡眠。睡眠是最有效的恢复手段，保证运动员的睡眠质量，对消除训练疲劳和加速恢复体能极为重要，尤其是参加跨时区的国际比赛，时差反应首先影响到睡眠，除了提前到达赛区进行适应性训练外，更重要的是提高运动员适应能力和抗干扰能力。

训练方法、手段的转换和训练内容（不同姿势，主、副项，长、中、短距离，分解与完整等训练因素）的精心搭配，都有利于减缓局部疲劳。长时间单一内容、单一手段训练负荷的安排是危险的，易使运动员产生局部过度疲劳，从而导致全身系统遭受影响甚至破坏。

肌肉牵拉放松：对运动肌肉群进行主动或被动的牵拉，能改善这部分肌纤维酶的活性，增强新陈代谢，缓解运动后延迟性肌肉酸痛和肌肉僵硬，使肌肉放松，并可加强骨骼肌蛋白质的合成过程，促进肌肉的恢复。这种牵拉放松对局部疲劳的肌肉群的恢复很有效，是训练结束后常用的恢复手段。牵拉放松持续时间约一分钟，重复3～4次，间歇一分钟，持续时间、重复组数可依训练肌肉的状态而定。

自然恢复也是一种直接有效的恢复措施，宜经常把自然恢复方法融于训练体系之中，使运动员形成良好的训练、生活、卫生和睡眠习惯。

三、训练适应与过度训练

（一）训练适应

运动训练的全过程，本质上就是运动员训练适应的过程。运动员通过训练，使专项运动能力和专项运动水平迅速提高。训练适应特征表明，运动员在每次训练刺激的作用下，使机体产生急性适应，这种训练适应效应积累便使运动员逐步完成自身的生物学改造——符合专项需要的长期性训练适应，成为运动员创造运动成绩的物质基础。

训练适应具有专项性和方向性特征，这些特征的变化都是在负荷的作用下发生的。游泳运动员在训练计划的影响下，向既定专项（姿势、距离）目标发展，以求取得优异的运动成绩。负荷的作用方向和动态变化的趋势起着决定性的作用，没有专项化的训练适应，就不可能使专项运动成绩达到较高的水平。同时，应该看到训练适应是在适宜负荷的前提下实现的，最佳负荷和科学、合理的负荷动态变化设计是训练适应的基本保证。

（二）训练过度

训练过度是过度负荷引起的。随着现代游泳竞技水平的不断提高，游泳运动员负荷趋向于不断向其极限负荷水平冲击，这样，导致过度训练的可能性就大，这也给训练负荷安排提出了更高的要求。加强训练过程的恢复、监督和合理安排负荷成为预防训练过度的重要手段。

严格地讲，负荷过度和最佳负荷之间的距离仅“一墙之隔”，因其主要受运动员身体机能、训练水平、承受负荷能力等因素影响，尤其是承受负荷时身体状况对完成负荷影响极大。训练过度不仅要看一次负荷的大小影响，更要看负荷后作用的累加效应。根据运动员的实际水平安排大负荷的持续时间十分重要。

过度训练的主要特征表现在生理、心理两个方面。有研究表明，过度训练的直接结果首先是机体出现不适应的症候。过度训练症状与其持续时间密切相关，及时发现、及时调整是避免过度训练的有效措施，教练员在训练中要善于观察运动员负荷时的反应，训练后要掌握运动员的饮食、监测指标变化、睡眠等情况，以调整和制订训练计划。

第五节　游泳训练的基本方法

训练，就是人体对运动刺激的适应，是最大限度地发展人体运动能力的过程，而训练方法在训练过程中有着极其重要的意义。训练水平的提高、各阶段训练任务的完成和创造高水平的运动成绩，无不依赖于训练方法的正确运用。判断一种训练方法的优劣，也应该以它能否在系统重复的身体练习过程中不断提高个人活动能力的发展水平为标准。

游泳训练方法，以手段的组织形式划分，可以分为持续训练法、间歇训练法、重复训练法和短冲训练法等等。如以能量代谢来划分又可以分为有氧训练方法和无氧训练方法等，由完成形式来判别又有缺氧训练法，以环境来区分又有高原训练法。这些训练方法是随着运动技术水平的发展与提高，以及人们对训练原理和生理机制的认识的不断深化而产生和发展的。从目前的发展趋势来看，训练的目的性越强，越需要我们对训练方法进行更加的准确分类，这样才能更科学合理地确定训练负荷。

一、游泳训练方法的组成因素及其在游泳训练中的特点

（一）练习的距离

游泳运动员所采用的练习距离范围很大，从 15 米到 4000 米，甚至有人尝试过更长的距离。

选择距离，取决于训练目的，因为不同的距离持续时间不同，供能特点不同。发展速度，必须采用较短的距离；发展耐力，可以选择以有氧供能为主的长距离。

对于年龄组运动员来说，选择适宜的距离是非常重要的，过长的距离不利于正确技术的建立与巩固，也不利于积极主动的技术风格的培养。

距离的选择以能够保持正确技术和满足强度要求为标准，失去这两个标准，仅以锻炼意志品质为目的是不可取的。超长距离训练每周

有一次足够。

(二)重复次数

重复次数对练习的总量有着重要的影响,而对某种训练中采取的重复次数对训练发生的影响则是另外一种情况。例如:在以提高速度能力为目的的训练中采用 4×25 米短冲,练习间歇比 1∶2,这是我们常用的手段,如果增加重复次数 16×25 米,则练习的性质就会产生变化。因为随着重复次数的增加,训练强度下降,动作速度参数发生变化,有效提高速度能力所必需的条件也随之破坏。与此同时,产生了有助于发展提高耐力水平的适应性机制条件。在重复次数不多的情况下,训练过程主要会对机体的速度能力的提高产生作用。增加重复次数会使所采取的训练方法的作用发生变化,能促进专项耐力的发展。

在发展有氧能力时,必须有一定的重复次数才能够达到有效发展有氧能力的要求。以短距离运动员为例,发展有氧耐力就可以采用 20×100 米、间歇 20 秒钟的方式完成;发展速度耐力则重复次数中等,选用 200 米距离,重复 4～10 次;发展速度,则重复次数少,当完成成绩下降时多重复无益。

(三)练习的强度

游泳运动员参加比赛的主要目的是以新的成绩游完全程。要达到这个目的,在训练中就要比以往游得更快,速度更高。每名游泳运动员的全部训练都是朝着提高比赛速度这个目标而努力的。认识游泳训练的根本要素——强度,对提高游泳成绩至关重要。

所谓练习强度,是指机体各机能系统活动的紧张程度。单位时间内完成工作的能量消耗是工作强度的综合指标。

练习强度在很大程度上决定训练活动对游泳运动员机体作用的大小与方向。提高游泳强度可以改变能量的供应,在不同程度上强化各机能系统的活动,对于技术也会产生积极的作用。

练习强度与游速有密切的联系。这种联系取决于工作的能量供应特点、泳式、练习性质和运动员的性别。随着游速的提高,强度和游速的增加是不成比例的。这是由于水的环境造成的阻力使强度的增加大大超过游速的增加。

练习强度与练习时间也有密切的关系。运动员的练习距离越长，游速就越慢。

随着游速的提高，机体的能量消耗与工作强度的增加也是不成正比的。苏联研究证明：当配合游的游速从70%增加到75%时，强度也同样增加5%，这表明两项指标之间有线性关系。但是，要进一步提高游速时，由于保证肌肉活动的无氧供能机制投入工作，影响了工作强度与速度之间的相互关系，使能量消耗急剧增加。当配合游的游速从80%增加到85%时，能量消耗要增加9%，而当游速从90%增加到95%和从95%增加到100%时，能量消耗分别提高15%和25%。

加拿大学者曾经做过这样的三种试验：第一种，100%强度，每周一次，每次15分钟；第二种，75%强度，每周三次，每次60分钟；第三种，50%强度，每周五次，每次120分钟。其中第一种与第三种取得的效益是一样的，但第三种比第一种多花了40倍的时间。这一实验说明：强度对提高训练效益的作用，尤其是突出强度的作用尤为重要。但在训练实践中我们也知道，没有一定的数量基础是不能提高强度的。尤其是儿童少年不能承受大强度刺激，经常使用大强度进行训练，不利于其身体健康和发育，不利于打好基础，不利于将来出好成绩。

（四）间歇时间

各次练习之间的间歇时间和工作强度一样，也是决定训练手段性质的重要因素。为了有目的地发展游泳运动员机体某些方面的能力，安排间歇时间时应考虑练习后的恢复期。恢复过程不是等速进行的。必须考虑到，恢复期头1/3时间内开始下一次练习对运动员机体的作用与中1/3、后1/3开始下一次练习是不同的。

游泳练习后，恢复过程具有异时现象，即各种指标恢复的时间不同。因此，在安排间歇时间时，要明确哪些指标是重要的。

1.间歇时间的分类

(1)充分的间歇。游泳速度88%～96%，优先发展速度、速度耐力。

休息的持续时间以工作能力能恢复到工作前水平为准。在重复练习或发展乳酸峰值能力时，多采用这种间歇，练习间歇比1∶2～1∶8。

(2)不充分间歇。游泳速度80%～96%，同时发展速度能力与速度耐力。

工作能力虽然尚未恢复，但已接近练习前水平，这时开始下一次练习。不充分间歇时间大约为完全恢复能力所需时间的 60%～70%。

(3)缩短间歇。游泳速度 80%～96%，优先发展速度耐力。

在工作能力大大下降的情况下，开始做下一次练习，间歇时间 10～30 秒。

2.决定间歇时间的指标

(1)在安排间歇时，一般要考虑两项指标，即心率和工作能力的水平。这两项指标是互相联系的。在工作能力下降到最低水平时，心率达最高值，随着工作能力的恢复，心率也随之恢复。由于负荷后的身体机能状况和训练水平有很大的关系，在决定间歇时间时要特别考虑这一点。训练水平高的人心率恢复快，同一个人在训练后期就比训练前期恢复快。

(2)根据运动员的主观意见来评定恢复过程的进展程度也是很准确的。在完成强度高、间歇时间长的训练时，可以用运动员主观感觉来决定间歇时间。

(3)运用生理指标确定间歇时间。运用这些资料必须记住表中提出的恢复时间仅仅是一个界限，可根据专门的需要来变动它。

(4)根据训练目的和采用的方法来决定间歇时间。例如：为了发展有氧能力而采用间歇训练法，间歇时间很短，这可以引起呼吸循环系统机能活动的变化，而这些变化能够最大限度地促使心脏功能的提高。如果是发展无氧耐力，间歇时间就必须适当地延长，以有合适的时间使工作能力恢复，保证必要的负荷强度。

在解决游泳运动员的一系列专项任务时，训练效果取决于相对稳定的条件下完成的训练量，即下一次练习开始前的恢复程度和前几次练习开始前的恢复相一致，可以取得较好的效果。例如：一种间歇时间始终不变，另一种则是在心率下降至 120 次/分时开始练习，而后一种可以使运动员根据要求完成较大的运动量，从而提高训练效果。

(五)完成练习的方式

在游泳训练过程中往往用不同的方式来完成各种练习，例如采用打腿、划手、分解游、配合、主项、副项、混合泳等方式来完成练习，在其他条件相同的情况下，采用不同的方式来完成同一练习，效果也不同。

配合游对运动员的机体产生广泛的作用，可以促进各机能系统的活动，可以解决训练中的许多任务，从提高个别系统和器官的能力到改进比赛过程中的运动性和植物性机能的协调。

紧张的划手和打腿练习可以有选择地促进一些主要肌群的活动，从而提高专项力量素质。实验证明，划手和打腿的练习使运动员的机体发生特有的适应性变化，会明显地提高运动员的机能能力。但是，这种适应性变化是有针对性的：采用划手为主的练习，手臂的负荷能力提高；相反，如果采用打腿练习，则训练的效果局限在腿的方面。

不负重和负重的快速划手练习，可以使肩带肌承受相当大的负荷，但是不会使呼吸循环系统的活动产生很大的变化，而配合游的情况则相反。打腿对呼吸循环系统的刺激介于二者之间。采用夹板带掌练习，对肌肉的负荷加大了，但对能量系统的提高则是无益的。

主项、副项、混合泳均属于配合游，但由于做功的肌肉不同，交叉安排则有利于提高承担负荷和机体的全面发展，控制呼吸次数和分解练习有利于技术的修正，有目的地减少呼吸还可以发展机体的耐缺氧能力。用匀速、加速、变速等形式完成则可以有效地发展神经系统的稳定和兴奋、抑制的转换能力。

（六）间歇的形式

间歇的形式是指每次练习和每组练习后的短暂休息采用什么样的形式来完成。休息可以有积极性休息和消极性休息两种。运动员在间歇期进行消极性休息时不做任何活动，而进行积极性休息时则从事辅助性活动，这种活动对运动过程往往产生促进作用。

二、游泳训练的基本方法

游泳训练方法要求练习手段必须按一定的组织结构和形式进行组合，如首先根据训练目的选择距离、重复次数和强度，然后再确定用什么方式——打腿、划手或配合来完成。在保证强度完成的前提下，最后再决定用什么方式促进机体的恢复以尽快地进入下一个练习，这就是练习手段的组合方式。当练习手段的形式确定后，还有一些细节的变化也会对练习的性质起到影响，例如，是连续练习还是分组练习，是采用等速练习、加速练习还是变速练习等等，这些都是决定训练方法组织结构的重要因素。

在训练实践中，往往把上述各种训练方法的重要因素组合成各种各样的训练手段，这些手段可以使训练过程多样化，能更准确地作用于游泳运动员的机体，同时为提高专项训练水平创造更有利的条件。

（一）持续训练法

持续训练法是指不间断地连续进行训练的方法，它往往采用超过比赛距离（长距离或超长距离）、低于比赛速度，用匀速或变速来进行练习的方法。这种方法主要是用来提高心脏功能和发展有氧耐力。

持续练习的时间较长，也就是一次连续练习的量比较大。由于强度不大，对机体刺激所产生的影响比较缓和，所以持续训练法的训练效果出现得较缓慢，但是比较稳定。

1.持续训练法的构成因素

（1）距离：1500～3000 米，甚至更长的距离。

（2）强度：中低强度，血乳酸 2～4mmol/L，心率 130～150 次/分，优秀运动员可达 170 次/分。

（3）方式：可采用匀速或变速的方式完成，可选择爬泳或混合泳超长距离，较少采用其他泳式。

2.持续训练法的运用

（1）持续训练法在全年各训练周期中都可以使用，只是所占比例不同。一般在年度训练的早期占的比例较大。年龄组运动员也常用持续训练法打耐力基础。选择距离和强度要根据运动员的训练水平逐步增加。

（2）采用无氧阈强度来完成持续训练可有效地发展有氧耐力，如果强度过低，则事倍功半。

（3）由于采用距离较长，动作频率较慢，为了消除中枢神经系统长时间接受单一刺激的不良影响，可在持续训练结束后安排适当的短冲练习。

（4）在长游中注意抓好技术，避免坏的技术定型。

（二）间歇训练法

间歇训练法是指在某一组某一距离的反复游时，在两次练习之间有一个控制时间的间歇阶段，间歇时间要以使运动员的心率部分地不是完全地恢复到正常状态为准。

间歇训练是提高速度耐力和一般耐力的较好手段。在间歇训练中，运动员往往带着因训练而引起的、未完全消除的疲劳和氧债坚持训练，因而能有效地提高心脏机能和组织的氧利用率，对无氧能力也有良好的影响。在间歇时，心率虽有所下降，但呼吸、循环系统和收缩压仍能维持较高水平，只是肌肉得到短暂休息。

间歇训练一般多采用主项距离和短于主项距离。由于间歇训练是将大于主项几倍或几十倍的距离分做若干段进行，段落短，可以提高强度，因此在相同时间内，它比持续训练法能完成更大负荷量，可以提高运动员承担负荷量的能力。

1.间歇训练法的构成因素

（1）距离：主项距离或短于主项距离。

（2）重复次数或组数：较多，也可把较多的次数平均分为若干组。

（3）强度：比赛成绩的 75%～95%，血乳酸 3～12mmol/L，心率 130～180 次/分以上。

（4）间歇时间：10～45 秒，练习休息比 1∶1～1∶20。

（5）间歇时间的休息方式：组内静止休息，组之间放松游。

（6）完成方式：任何方式。

2.间歇训练法的运用

（1）慢速间歇。主要用于发展有氧能力，强度在 75%～85%或无氧阈强度，间歇时间 10～20 秒。

例：某 1500 米自由泳运动员成绩 15 分 30 秒，每 100 米的平均成绩是 1 分 02 秒，(15×100)×2 组，85%强度，每 100 米游 1 分 11 秒，间歇 20 秒。

慢速间歇训练是以有氧供能为主的练习，主要用于提高心血管系统的机能、一般耐力和肌肉的力量耐力，全年各周期都可以使用，尤其在准备期和耐力训练周期中所占比例较大。

(2)快速间歇。主要是有氧和无氧混合的训练，发展专项耐力和力量耐力，对心脏和骨骼肌也都有益，强度85%～90%，间歇时间20～45秒，或练习休息比1∶1。

例：某1500米自由泳运动员成绩15分30秒，每100米的平均成绩1分02秒，15×100米自由泳，每100米游1分05秒，95%强度，间歇时间30～45秒。

(3)改变间歇时间。距离不变，保持训练强度，逐渐缩短间歇时间；或提高强度，延长间歇时间。

例：8×200米自由泳，平均成绩2分20秒，间歇45秒，在第二次或第三次再用同一手段时，可以缩短间歇时间到10秒。至此时，再延长间歇时间，提高完成成绩到2分18秒。

(4)变换距离。间歇训练的距离不固定，可以由短到长或由长到短进行组合，可以分为以下三种：

上梯形：距离由短到长依次增加。例：50米—100米—200米—400米。

下梯形：距离由长到短依次减少。例：400米—200米—100米—50米。

梯形：距离由短到长，又由长到短。例：50米—100米—200米—400米—200米—100米—50米。

(5)变换距离和间歇。距离不固定，间歇时间也不固定，随着距离的变化，间歇时间也相应变化，完成强度也随之变化。

(6)快慢交替游。距离固定，间歇时间固定，完成强度快慢交替。强度低时可计时也可不计时，主要目的是恢复。

(7)包干游。在规定的时间内完成一定的距离和间歇，间歇时间随完成成绩变化。完成强度高可以多休息，完成强度低则少休息。这种方法便于集体训练中运动员水平不一时使用，它便于发挥运动员的潜力，如果有了池边大钟，运动员也可以自己完成练习。

(8)负分段游。距离固定，间歇时间固定，逐步提高完成强度。

例1：10×50米。强度要求从75%上升到100%。

例2：4×(10×50米)。每一组内强度要求相同，逐步提高每组的强度，第一组75%，第二组80%，第三组85%，第四组90%。

采用负分段游必须有良好的耐力基础，它既能训练运动员的有氧代谢能力，又对无氧代谢有非常好的影响，尤其能够培养运动员的时间感、速度感和顽强的意志品质，因此在训练中运用十分广泛。

3.注意事项

(1)变动间歇训练法中的任一因素，都会使训练手段的性质发生变化。它既可以调节成为主要发展无氧供能系统(高能磷化物系统和乳酸系统)，又可以调节成为主要发展有氧系统，还可以使三个系统得到均等的发展。

(2)间歇训练的距离。多数研究者认为跑 200～600 米(大约为游泳 50～150 米)是最好的距离，如果发展耐力，则以跑 800～1500 米(大约为游泳 200～400 米)为好。

(3)间歇训练的重复次数。日本学者丰冈的研究表明，从 200 米×40 次试验结果看，间歇时的摄氧量和每搏摄氧量下降是从第 30 次开始的，也就是说重复次数最多不超过 30 次。

(4)间歇时间。逐渐延长或缩短间歇，但以心率恢复不低于130 次/分为宜。由于严格控制间歇，运动员在体力和呼吸尚未恢复的情况下继续训练，所以身体的反应较大，但也比较容易适应。

(5)间歇训练对提高心脏功能具有见效快的特点，但它的提高是不稳定的，与持续训练法相比，减量一周以后，采用持续训练法的训练水平仍能保持，而间歇训练则不能。俗称间歇训练“来得快，去得快”。

(6)间歇训练后糖原耗尽程度比持续训练大，大负荷后 48 小时才能恢复(持续训练后 24 小时即可恢复正常)，不会造成糖原不足。因此，发展有氧耐力，必须把间歇训练法和持续训练法结合起来使用。

(7)使用间歇训练法加大负荷时，密度应由小到大，数量由少到多，速度由慢到快。应先增加数量，再加大密度，然后再提高强度，循序渐进地进行。

(三)重复训练法

重复训练法是指按规定的时间，多次重复某一距离的方法，间歇时间的控制应使呼吸和心率基本恢复。它的目的是发展速度、速度耐力、肌肉力量，还可以培养比赛速率，学习分配体力，感受比赛技术，增加经验。

重复训练是以强度为中心的训练方法，对中枢神经系统的兴奋与抑制的转换、大脑皮层与肌肉的协调能力要求较高。运用重复训练法可以提高无氧酵解的供能能力和对乳酸的缓冲能力、耐受乳酸的能力，使无氧能力得到提高。如果采用 50 米以下的距离进行重复训练，则主要是发展肌肉力量和速度；采用较长距离的重复游（75～400 米），主要是发展速度耐力。

1.重复训练法的构成因素

(1)距离：主项距离或短于主项距离。

短距离运动员：50 米、75 米、100 米、150 米。

长距离运动员：200 米、300 米、400 米、500 米。

(2)强度：血乳酸 12mmol/L 以上，心率 190～200 次/分或比最高心率低 10 次/分；最高速度或 200 米比赛成绩 95%～110%。

(3)间歇时间：充分恢复，练习间歇比 1∶2～1∶8，心率在100～110 次/分可以开始练习。

(4)重复次数：较少，当不能按预定强度完成时即停止。

(5)间歇方式：静止休息或放松。

(6)完成方式：主项。

2.重复训练法的运用

(1)重复训练是提高训练强度的主要方法，主要用于基本期的后期和赛前减量期。重复训练的安排要分散，不要过于集中，要根据运动员的训练水平及年龄来安排每周练习的次数，一般每周安排 1～2 次为宜。

(2)从手段的组织形式上来看，重复训练应该属于间歇训练范畴，但不同的一点是重复训练的间歇时间较长，要达到基本恢复时才开始下次练习，由于强度高，也只能游很少的次数。在采用 50～200 米的距离时，练习休息比为 1∶4～1∶8。至于重复游距离较长时，如 300 米、400 米或更长的距离，则间歇时间不必那么长，在心率减少到 100～110 次/分时就可以开始下一次练习。

(3)根据训练目的选择距离。发展速度，选择 50 米以下距离，并要提高每游一个的速度。发展速度耐力，要加长距离，例如 4×100 米或 3×200 米。如果同时发展速度和速度耐力，就可采用逐渐缩短距离增加强度的办法，例如200米—100米—2×50米。

(4)重复训练前应有充分的准备活动与充分的休息，可安排得与比赛时相似。重复练习时，教练员对强度要有明确的要求，为了完成强度要求，可视疲劳程度延长间歇时间，当不能完成强度时可减少次数。

(5)进行重复训练时应保持正确技术，尤其是在疲劳时保持正确技术对提高冲刺能力极为重要。

(四)短冲训练法

短冲训练法是指运动员以全力用最高速度进行练习的方法。短冲训练可以有效地提高运动员肌肉中高磷化合物(如ATP、CP)的储备和无氧代谢酶的活性，使糖酵解速度加快，从而提高无氧代谢的能力。也有研究表明，大量的短冲训练可以引起骨骼肌有氧代谢中某些酶的活性增加，同时使最大吸氧量增加。

短冲训练能够有效地发展速度和肌肉力量。改善肌肉利用和贮存能量的能力。采用短冲训练法，对神经系统的灵活性也是非常好的锻炼，对提高和改进快速技术也是一种好办法。

1.短冲训练法的构成因素

(1)距离：15米、25米、50米。

(2)强度：100%～110%，最高速度。心率120次/分，比最高心率低40次/分。

(3)间歇时间：练习间歇比1∶2。

(4)重复次数：较少，如果多次重复，必须分组进行，组间安排充分休息或放松游。

(5)间歇方式：静止休息或放松游。

(6)完成方式：各种泳式和基本动作。

2.短冲训练法的运用

(1)由于短冲训练法能够提高运动员的兴奋性及运动员能力，所以各种年龄的运动员都可以使用，在全年各阶段中都可以安排。在距离比赛时间较远的阶段，主要用于发展速度能力。而临近比赛时是培养频率意识和实用技术(分配体力、体会战术)，找到实用速度的感觉。

(2)发展速度的短冲训练法多安排在准备活动后，每次课的前部，发展最后冲刺能力主要放在课的后部进行。

(3)采用短冲训练法必须使用熟悉的练习手段，否则运动员的注意力将首先集中在动作的技术上，而不是强度。

(4)进行以提高绝对速度为目的的短冲练习时，间歇时最好进行放松游，这有助于维持血流的强度，尽快从组织中消除代谢产物，使中枢神经系统的兴奋性维持在适宜的水平上。

(5)要根据运动员的技术水平和训练水平来选择重复次数。

(五)模拟比赛训练法

模拟比赛训练法是指以比赛时的心率、技术和目标成绩为模式的训练方法。通过模拟比赛训练法进行训练可以体会比赛技术和战术，培养速度感，预测运动员的比赛成绩。

1.模拟比赛训练法的构成因素

(1)距离：短于比赛距离的组合。

100 米项目：50 米＋50 米，75 米＋25 米。

200 米项目：4×50 米，100 米＋50 米＋50 米。

(2)强度：各段落成绩相加要等于或高于最好成绩。血乳酸及心率与比赛项目相同。

(3)间歇时间：间歇时间很短，在 5～15 秒之间，距离长时间歇可稍长，但从不超过 15 秒，也不短于 5 秒。

(4)完成方式：主项或比赛项目。

2.模拟比赛训练法的运用

(1)适合有一定训练年限或训练水平的运动员使用。这种训练方法强度大，连续使用会造成疲劳的积累，要有节制地使用。

(2)在赛前减量期使用。

(六)特定条件下的训练方法

缺氧训练法。缺氧训练法是指在正常大气环境下进行的训练中，有计划、有目的地减少呼吸次数，限制人体对氧气吸入的训练方法。

控制呼吸频率不需要特殊的条件，不论运动员的水平高低，都可以根据训练任务和目标制订不同的缺氧计划一起使用，应用广泛。

人们对缺氧训练一直有不同的看法。赞同的人认为可以培养运动员耐受乳酸和氧债的能力，提高心脏机能和有利于乳酸能的再利用；反对的人则认为缺氧训练可以增加红细胞和血红蛋白、增强血管功能、提高最大吸氧量和耐受乳酸及氧债能力是错误的，虽然实验组与对照组在生理指标中并无区别，但进行缺氧训练这一组运动员成绩提高的幅度大于对照组。

虽然有以上两种观点的争论，但缺氧训练法仍有它的实际意义。由于减少了呼吸次数，可以减小呼吸动作对技术的影响，在游进中保持较好的流线型以减小阻力。对于培养最后的冲刺能力，缺氧训练也是一种好方法。

采用缺氧训练法时可以选择任何距离，并且可以和任何一种游泳训练方法结合在一起使用。在一节课中可以有 1/4～1/2 的训练量用缺氧训练法来完成。在采用缺氧训练法时，强度不宜过高(50 米以下短冲除外)。呼吸的频率要根据游距来定，距离延长，呼吸周期缩短(如表 3-10)。

表 3-10　缺氧训练示例(爬泳)呼吸/划手次数

距离	呼吸标准
15 米、25 米	憋气游
50 米	1/7～1/5 或 1/10～1/8
100 米	1/8～1/6～1/4～1/3
400 米以上	1/5～1/3

除了爬泳以外，蝶泳、仰泳、蛙泳也可以采用缺氧训练完成。打腿、划手也可以用控制呼吸来完成。进行缺氧训练时应注意以下问题：

(1)进行缺氧训练时，教练员应仔细观察运动员的反应，以免发生危险。如发现头痛，要立即停止缺氧训练或者增加呼吸次数。

(2)要做好准备活动，缺氧训练前后要安排一些速度练习。

(3)要注意循序渐进地安排缺氧训练，逐渐增加距离和减少呼吸数。

(4)禁止在憋气的情况下能游多长距离就游多长距离的试验。

(5)在中长距离比赛时，不应使用平时缺氧训练的呼吸节奏，这会更严重地造成人体缺氧，增加负荷而影响运动成绩。

★ **世上没有比结实的肌肉和新鲜的皮肤更美丽的衣裳。**

俄国诗人——马雅可夫斯基

★ **运动太多和太少，同样的损伤体力；饮食过多与过少，同样的损伤健康；唯有适度可以产生、增进、保持体力和健康。**

希腊哲学家——亚里士多德

第四篇　游泳训练的医务监督

医务监督是用医学的内容、手段和方法，帮助教练员、运动员进行科学训练。其任务是：保证运动员身体健康，防止过度疲劳；合理安排大运动量训练，使运动训练获得最大效果；为教练员提供信息，保证系统训练和比赛。

第一节　简易指标评定

一、脉搏

脉搏是血管壁随心脏收缩、舒张而发生的有规律的搏动。脉搏频率是指单位时间内（通常以 1 分钟计算）动脉管壁搏动的次数。运动中的脉搏频率能较客观地反映心血管系统的生理负担量。运动时生理负担量越大，脉搏频率越高，身体越疲劳，恢复时间也越长。经过训练的运动员，心脏收缩力增强，心脏每搏输出量增加，心跳频率相对减慢。因此，用脉搏频率来评定运动量的大小是较客观和简易的生理指标之一。在测定中通常运用以下五种脉搏指标。

（1）基础脉搏：每天清晨醒后平卧，无重大情绪波动测得安静脉搏，叫基础脉搏。它能反映前一天训练后的恢复情况。

（2）课前脉搏：即训练课前相对安静下测得的脉搏。它能反映课前的机能状况。

(3)课后脉搏：即训练课后的脉搏。它能反映本课运动量对运动员机体刺激的大小。

(4)即刻脉搏：即某一练习后的瞬间脉搏(通常记5～10秒)。它能检查运动量对运动员机体刺激的深度。

(5)各项目练习之间间隔脉搏：即每一练习间的脉搏。它能反映运动员在完成每一练习时的生理反应。对主要练习可绘制成图表，便于对比检查。

由于遥测心率的广泛运用，通过统计学计算，心率和游泳强度之间的相关系数(r=0.988)几乎是一致的。因此，用心率能简要衡量游泳训练强度的指标。

利用心率的变化来控制训练可减少训练中的盲目性，减少伤病事故，其评定方法如下(评定时要参照其他指标)：

(1)关于基础脉搏的评定：正常人都有一个相对稳定的基础脉搏(晨搏)，同变化与运动训练密切相关，还与睡眠、饮食、健康状况有关。以运动员每天起床前安静时1分钟基础脉搏60次为例，经过大运动量训练后，次晨安静时脉搏在60次左右是正常，若次晨安静时脉跳超过80次，增加10次以上，则可能是运动量过大，疲劳未恢复，要注意观察。在大运动量初期，由于机体不适应，基础脉搏可能加快。若继续训练，基础脉搏恢复正常，甚至还有所下降，这说明运动量适宜。若基础脉搏数持续上升，或上下波动无规律，连续数天不能恢复，说明运动量过大，除减量调整外，还要就医诊断。

游泳运动员的基础脉搏偏低，男子一般在50次/分左右，女子在55次/分左右。训练1～2年的少年运动员约为60次/分左右；3～4年训练年限者50次/分左右；训练水平高的运动可减至40次/分左右，我国优秀蛙泳选手穆祥雄在破百米世界纪录时的基础脉搏每分钟36次，这是机能良好的表现。

(2)关于成绩与脉搏的评定：运动员成绩与脉搏一般是相对稳定的，因此，定期地测验运动成绩同时把测定其脉搏频率的数据加以综合评定有重要意义。其方法：若脉搏下降，运动成绩提高，证明机体机能和训练水平在提高；若成绩下降，脉搏反而增加，说明机能状况不良，训练水平下降或运动量不适宜；若成绩下降，脉搏减慢，也可能是过度训练。

（3）关于课后脉搏的评定：课后脉搏可以评定一次训练课的运动量。其方法：若课后 5～10 分钟内即可恢复或低于运动前脉搏是小运动量；若当晚睡觉前即可恢复或低于运动前脉搏是中等运动量；若次晨脉搏恢复到基础脉搏即为合理的大运动量。

（4）关于心律不齐：大运动量训练后，有的少年儿童会出现短时间内心跳节奏不规则。造成的原因很多，与训练有关的有：①运动性心律不齐，这往往由于训练安排不恰当造成的，如强度过高、密度太大、没有遵循循序渐进的原则；②耐力练习偏少，高强度练习数量过多，持续时间过长，这种心律不齐要引起特别重视。一般短暂出现心律不齐，无不良反应，又能很快恢复，均属正常现象。

二、血压

血压是指血液在血管中流动时对血管壁的压力，心室收缩射血时的血压称为收缩压，心室舒张时的血压称为舒张压。正常人安静时的收缩压为 100～125 毫米汞柱，舒张压为 60～80 毫米汞柱。血压随年龄增加而升高。男子比女子略高，游泳运动员安静时的收缩压比一般人低。

运动训练对血压的反应比较敏感，变化幅度大，个体差异也较大，常作评定课的运动量和运动训练水平的简易指标的方法如下。

（一）运动前后的血压评定

运动前后或比赛前后，由于体力活动和精神紧张，血压都可能升高，这是运动中的正常机能反应，是适应训练和比赛的表现，一般在 10～30 分钟内能基本恢复。凡训练后几周或几个月内血压持续升高，超出了 140/90 毫米汞柱，并伴有头晕、身体无力等症状，应引起注意，合理安排运动量或治疗。

（二）训练中的血压评定

训练中的血压变化与训练强度密切相关，一般有三种情况：（1）低强度训练后收缩压上升约 20～30 毫米汞柱，舒张压下降 5～10 毫米汞柱，多数在运动后 3～5 分钟内恢复；（2）中等强度训练后收缩压可上升20～40毫米汞柱，舒张压下降10～20毫米汞柱，一般在20～30分钟内恢复；(3)大强度训练后收缩压可上升40～60毫米汞柱，舒张压下降20～30毫米汞柱，在24小时内恢复。

(三)血压评定中的某些特殊现象

游泳运动员训练后，血压一般均有升高现象，有的较高；有的训练后收缩压上升明显，舒张压也上升，恢复时间长，表明机体机能在下降(少年儿童由于正处在迅速发育期，心血管系统兴奋性高，也有此反应)；有的训练后收缩压上升不明显，舒张压上升，或出现一些异常反应(如无力反应)，恢复时间延长，这说明身体机能不良。

三、血色素—血红蛋白

血红蛋白是由亚铁血红素和一种特殊的蛋白质(珠蛋白)构成的，存在于血液的红细胞中，它是人体运载氧气的工具。每100毫升血液中，血红蛋白含量男子为12～15克，平均14.4克；女子为11～14克，平均13.1克。运动训练中，血红蛋白含量都相应增加，这对提高血液运载氧是十分有利的。大运动量训练期间，由于机体生理负担量大，会导致血液中血红蛋白含量减少，这种由运动训练引起的血红蛋白量降低的现象，为“运动性贫血”，是正常现象。合理大运动量期间，开始时会出现血色素下降，这是初期不适应的表现。如果继续训练下去，血色素随即回升，甚至超过原来水平。如果血色素持续下降，一个月以上不回升者，则应考虑运动量是否合适。若男子不足12克，女子不足10.5克，应引起注意，若降至9克，则应调整运动量和休息或就医诊断。

血色素的高低，直接反映了运动员的机能水平：当血色素提高时，运动成绩增长；当血色素降低时，运动成绩下降。

四、尿蛋白

尿蛋白是指尿中的蛋白质含量。正常人一般在尿中没有尿蛋白。运动时，肾脏由于缺血、缺氧、酸性物质增加，肾小球滤过率下降等因素的影响，使尿中蛋白质增多，这种现象叫“运动性蛋白尿”，一般属正常现象。

尿蛋白的检验方法可分为定性检查和定量检查两种。定性检查是检验尿中有没有蛋白质，定量检查是精确地确定尿中蛋白质的含量多少。运动训练中，通常采用定性分析法，其评定的方法如下。

(1)我国优秀游泳运动员安静时尿蛋白平均值约为3.9毫克，是在正常人范围以内。在训练和比赛后，尿蛋白排泄量增多，这种数量的变化，个体差异很大，因此在不同运动员之间的相互比较，意义不大。但同一运动员，在完成相同强度的训练或比赛后，则尿蛋白的排泄量应该是相对稳定的(游泳运动员的一般范围约在10～12毫克之间)。因此系统地对某一运动员进行测定，作前后比较，对评定运动员的机能状态有重要意义。如果运动员训练后骤然大量增加尿蛋白，就应注意观察，分析原因，采取必要的措施。

(2)由于运动训练后运动员的尿蛋白排泄量经常出现，几乎成为一种正常的生理反应，因而在实践中，测定其消失时间，在训练中有更重要的现实意义。如适宜运动训练，课后查有尿蛋白，次晨即消失，属正常现象；次晨未能消失，运动员本身无不良反应，应继续训练；如果持续一周或一周以上，仍不能消失，则可能运动量过大，应加以调整。

五、血乳酸

乳酸是人体运动时糖代谢在供氧不足情况下的中间产物。乳酸在肌肉中的积累会引起肌肉组织中酸碱度的改变，即由碱性向酸性变化。影响肌肉的收缩速度，乃至肌肉发生酸痛，最终降低游泳速度。

乳酸是评定运动训练中有氧代谢和无氧代谢的重要生理指标。因为无氧代谢时肌糖原酵解为乳酸，乳酸的数量可以说明无氧糖酵解代谢供能的程度，并且血乳酸不受心理因素影响，所以它能较客观地反映运动训练的强度。安静时血乳酸数量为5～15毫克，当运动强度加大，使血乳酸上升至36毫克，这就是糖酵解参与供能的一个标志，故称为无氧代谢阈。此时心律约为170次/分，运动强度越大，血乳酸值越高。

游泳训练中，低、中强度的训练均属有氧代谢供能的训练。低强度训练时，血乳酸在18毫克左右。中等强度训练时，血乳酸在27毫克左右。大强度的训练为有氧与无氧代谢的混合供能的训练，血乳酸超过36毫克。极限强度训练时，血乳酸可高达63毫克以上，以无氧代谢供能为主。

民主德国游泳训练课的组织原则是：55%为有氧训练，血乳酸在27毫克左右；25%～30%为有氧和无氧混合型的强度训练，血乳酸控制在27～63毫克；5%～10%为高强度的无氧代谢训练，血乳酸可达63毫克；以上比例在全年的不同季节是可以在一定范围内改变的。

游泳训练中应用血乳酸的测定值，有以下三点用途：

第一，评定训练的强度；

第二，计算有氧和无氧的速度界限；

第三，预测运动成绩。

第二节　女子月经期的医务监督

一、女子月经期的生理规律

女子由青春期发育开始，在丘脑下部释放激素的影响下，脑垂体前叶分泌促性腺激素，使卵巢内的卵细胞周期性地生长、成熟、排卵，即月经，第一次出现月经叫初潮。我国女游泳运动员初潮约在11～17岁，一般在12～14岁。由于神经—脑垂体的影响，初潮常受健康、运动、社会、遗传等各方面因素的影响。少女由于神经—脑垂体的影响还不稳定，初潮后的月经周期显得不规则，以后就逐渐稳定。一般正常周期为28～30天，持续时间为2～7天，多数为3～5天。出血量一般为50毫升。来经时，部分女子有情绪不稳定，易怒或忧郁、头痛、容易疲倦等反应，还伴有乳房发胀、胃口不好、腰酸、下腹胀痛等感觉。以上出现的反应，均属正常现象。经期过后，异常现象随即消失。

二、女子月经期训练、比赛的注意事项

（一）要因人而异

月经是女子的一种正常的生理现象，因每人的反应不一，所以经期的训练与比赛也要因人而异。凡身体健康，月经周期正常，平时经期有运动习惯，训练水平较高的运动员，可照常参加训练和比赛；月经

期紊乱，月经过频、过少或经期不准，痛经（下腹部疼痛），并伴有低温低热的，应停止参加比赛，作积极性调整训练；凡在经期中有一点轻度感觉的，可照常参加训练和比赛，但要适当控制运动量。经期保持适当训练，对女子训练特别重要，因为适量训练，可改善盆腔内的血液循环，加强上腹肌群、骨盆底部肌群的收缩与放松的能力，对子宫产生机械的按摩作用，有助于经血排出，并可调节大脑皮质的兴奋和抑制过程，减轻全身不舒服的感觉，同时可从小养成在经期中训练的习惯。

（二）经期要注意卫生

月经期间，全身和局部抵抗力下降，要避免在水温低的情况下进行游泳训练。月经，因子宫内膜崩溃后形成的创伤面，子宫颈口略为扩大，容易感染细菌，因此在没有特殊措施和医务监督的情况下，不能下水训练。教练员对女运动员要加强经期卫生教育，提高对月经的正确认识，并适当介绍一些卫生的必要措施。

（三）经期训练要得当

来月经第一、第二天，可作一些陆上少量轻微活动，如徒手操、模仿练习、轻量的上肢力量练习等，最好停止水上训练。第三、第四天可逐渐加量。第五、第六天可照常活动。

运动时要避免做剧烈震动练习和带有闭气和静力性的力量练习，以免引起腹部内压升高，使子宫受压，造成经血过多，以致发生子宫异位等。

（四）要养成经期比赛的习惯

经期参加比赛的习惯要从小养成。凡初潮后一直坚持训练和比赛的运动员，身体反应不大。凡经期停训或新手，在经期参加比赛反应较明显。据测定，我国优秀女运动员，经期参加比赛的第一天，发生血色素下降，第二天即回升，并无不良反应，有的还游出了好成绩。

近年来为了避免少年游泳运动员在经期参加比赛时可能会出现的不良后果，用药物（黄体酮 18 甲等）调整月经周期使月经提前或推迟，据观察，这种方法对月经周期也无不良影响。还有用一种特殊用具（脱脂阴道栓），也已取得了较好的效果。

第三节 游泳的保健知识

一、过度训练及预防

运动员在训练、工作、学习等方面的总负荷，超过机体负荷能力时，这种负荷叫过度负荷，也称过度训练。过度训练的主要症状是中枢神经系统的兴奋和抑制之间的平衡遭到破坏，造成过度兴奋和过度抑制。

（一）过度训练的原因

（1）训练方面原因：主要是周期安排不当，违背循序渐进和系统性原则，缺乏全面的基础训练，运动量过大，强度过高或增加过快且持续时间较长，缺乏足够的休息，造成疲劳的积累。

（2）生活方面原因：睡眠不足，生活无规律，精神过于紧张，负担过重（包括文化学习），营养不良等。

（3）其他原因：同事间关系紧张，学习成绩差，不良嗜好，感冒发烧等。

（二）过度训练的症状

（1）早期症状：技术退步，动作僵硬，运动成绩下降，专项能力低下，如主观想游快，但成绩下降，肌肉酸痛，“怕水”等。自我感觉有：睡眠不好、疲乏、食欲减退、头昏、无力、记忆力减退、少数人情绪急躁、缺乏信心、反应迟钝等。

（2）中期症状：上述症状未及时消除，生理指标明显改变，疲劳程度进一步加深，主要表现在神经系统，如兴奋过度、失眠、头痛；呼吸系统，如呼吸紊乱次数增加、肺活量和最大通气量下降；心血管系统方面，如脉搏快而细、心悸、心律异常、心区不适、血压升高、血色素下降、脉搏、血压恢复减慢并伴有不良反应；运动系统方面，如肌肉酸痛加剧、肌肉弹性下降（有时会发生痉挛）、体重下降；泌尿系统方面，如尿液检查有蛋白尿和血尿；消化系统方面，如肠胃机能紊乱（腹痛、腹胀、腹泻或便秘）、运动时右季肋部疼痛、肝脏肿大等。

（3）后期症状：有机体上述指标明显恶化，神经系统严重失调，激动或萎靡不振，出虚汗，手震颤；心界扩大，心律不齐，有杂音；机能试验恶化，出现无力反应，恢复明显延长；呼吸深度降低，频率加快、喘息等。

（三）过度训练的预防

预防过度训练的关键是进行系统医务监督，早期发现，及时处理。出现过度训练初期征象时，首先应减少运动量。过度训练明显时，应改变训练内容和方式，注意调整、休息。严重过度训练时，停止训练，调整生活制度，注意营养。过度训练的恢复，轻的需要1～2周，重的需要1～2个月，甚至更长一些时间。过度训练消失后，重新参加训练时应注意：运动量因人而异，区别对待；增加训练量要由小到大循序渐进；训练、营养、睡眠互相结合；加强医务监督，开始阶段的专项比重要小些，约六个星期后，方可参加比赛。

二、蛙泳膝关节损伤及预防

膝关节损伤是蛙泳运动员常见的疾病之一，多见于膝关节内侧副韧带的损伤，这种损伤有时还伴有剧烈的疼痛。

（一）损伤产生的原因

（1）蛙泳蹬腿时，为了使小腿的内侧对准水，蹬腿动作必须使膝和胫骨向外扭转，而内侧副韧带的主要功能是阻止膝关节外翻和胫骨外旋，当蹬腿用力不当时，内侧副韧带承受不了这一大强度工作，引起损伤。

（2）初学者或游泳运动员，由于局部负担过重，如单一集中的蛙泳蹬腿教学，蹬腿的训练比例过高，或主项蛙泳训练量过大，由局部疲劳而引起损伤。

（3）动作技术不正确，用力不合理。正确的蛙泳蹬水动作是：腿在蹬水之前，为使小腿对准蹬水方向，要求在收腿结束后两膝内扣，使踝关节向外翻转，形成脚趾朝侧、脚掌朝上、脚弓朝后的状态，蹬腿要有节奏。

（二）预防措施

（1）加强下肢力量训练，特别要加强大腿内收肌群的力量（大收肌、长收肌、耻骨肌、股薄肌等），训练前，做好充分的准备活动，如多做膝绕环、下蹲、左右侧压腿等练习，还可用手按摩或用水摩擦膝部。

（2）在蛙泳教学中，可把划手和蹬腿交替穿插起来进行练习，蛙泳训练的比重要恰当，不要过分集中、单一。蹬腿动作，以防局部疲劳而引起损伤。

三、游泳性眼结膜炎及预防

游泳性眼结膜炎，医学上称“急性结膜炎”，俗名“红眼病”，因游泳时感染的，叫“游泳性眼结膜炎”。症状是眼发红、刺痒、结膜充血持续不消，并有怕光、流泪和眼屎增多等症状。

预防措施有：加强池水消毒，池水中的余氯含量要控制在规定的指标范围内；禁止“红眼病”患者游泳，以免感染他人；可戴游泳眼镜游泳，以免受氯气侵入或细菌感染；游泳后，最好点上一些氯霉素眼药水或金霉素眼药膏。

四、耳病及预防

耳病是指耳部所患的疾病。这里指的是因游泳而引起的外耳道感染和中耳炎。其症状是：耳部红肿发烧，疼痛剧烈，严重者流脓血。患中耳炎者，还伴有头痛、发烧、恶心、呕吐等。

（一）产生原因

（1）游泳池水不清洁，细菌侵入外耳道或水通过咽管侵入中耳。

（2）游泳时，水灌入耳内未能及时清除，用手指或外物挖损外耳，或耳膜被挖破穿孔，细菌直接侵入外耳和中耳。

（3）上呼吸道发炎、感冒时游泳等。

（二）耳病的预防

要到水质经过严格消毒处理后的游泳池或天然游泳场去游泳；凡患有耳膜破裂或穿孔者，停止游泳，要注意正确呼吸，避免呛水。最重要的是，耳内灌水后不要随便挖，可用“跳空法”，即头侧向灌水耳的一侧，并用这一侧的脚连续震跳，使水从耳朵内流出来。还有一种方法，将头偏向进水耳朵一侧，用手掌紧压该耳的耳郭上，屏住呼吸，然后迅速提起手掌，一压一吸，连续做几次，可将水吸出。

五、鼻窦炎

鼻窦是指鼻腔两侧的颅骨和面骨内四对含气空腔的总称，分别依其所在的颅骨命名为上颌窦、筛窦、额窦和蝶窦。因为这些鼻窦的开口与鼻腔相近，鼻窦的黏膜与鼻腔相近，所以在游泳中，如果呛水，就有可能把水带进鼻窦，其症状是：鼻梁两侧上部疼痛，鼻流清水，严重的流浓鼻涕等黄色分泌物。

（一）产生原因

鼻窦炎产生的主要原因是游泳时呼吸不正确，鼻冲水或口呛水时，带有细菌的水侵入鼻内，在身体抵抗力弱的情况下引起此病。

（二）预防措施

鼻窦炎的预防主要是掌握正确的呼吸方法，避免呛水。若发生鼻子进水，不可用力捏鼻子，因为这样做会把水从鼻咽腔挤弄到中耳里去，容易引起中耳炎。如果已发生鼻窦炎的，要听医嘱，抓紧治疗，或在游泳后，用热毛巾放在鼻梁上做热敷，以促进局部血液循环，帮助消炎。

★ **一个埋头脑力劳动的人，如果不经常活动四肢，那是一件极其痛苦的事情。**

俄国作家——列夫·托尔斯泰

★ **我生平喜欢步行，运动给我带来了无穷的乐趣。**

美国科学家——爱因斯坦

第五篇 我爱参与游泳运动

第一节 如何欣赏游泳运动

游泳运动作为“体育家族”中的一员，是一项重要的生存技能，它能够激发人们的斗志；让人们在水的世界里体会心灵的净化和灵感的再现。然而，要想做到真正地会欣赏游泳运动，真正地使自己融入游泳运动的世界中却并非易事。

要想欣赏游泳运动，就需要对其本质和内涵有一个较为深刻的了解，这样我们才能发挥自己的想象，充分调动自己所有的艺术细胞，从而达到一个较高层次的欣赏。例如，当我们在赛场上看到“飞鱼”菲尔普斯在临近的冲刺时，欣赏的不光是他那精湛的游技，更加羡慕的应该是他那过硬的心理素质以及他对自己充满信心的可贵品质，这样才能激发我们学习游泳的兴趣。如果真能达到这样的高度，那么我们所进行的便不再是一般性的视觉性的欣赏，而是通过积极观察而有所发现的创造性欣赏。

要想真正地欣赏游泳运动，还要善于从整体上把握，从不同角度去发现。2010 年广州亚运会游泳女子 4×100 米混合接力赛场上中国队夺冠，你会倾慕于中国女队完美的交接棒；你会沉醉于那舰艇般的游速;你也会为那夺冠的瞬间拍手喝彩;你更会为你心爱的祖国取得胜利而欢呼雀跃,激动不已。而这也正是整体的魅力所在。游泳运动的整体欣赏是建立在“团体精神”基础上的一种和谐美,而“角度”则囊括了所有的“从全局到细节”,从队员到教练,是全方位的。例如:游泳比赛的本身就是竞技性的活动,有着其特有的力量:游泳的出发、游进、转身、冲刺技巧相当精美、高超,是技艺美的存在。一场游泳大赛的场面是宏大的,宛如战争时代的“沙场秋点兵”。如果再加上游泳接力战术的默契配合,裁判沿场跟随比赛运动员,观众的欢呼声,那么,一场游泳比赛宛然就是一幅融合着多角度、多方位的美丽画面。

游泳运动的欣赏永无尽头,真可谓“永远赏不完”。它不仅可以于无形中锻炼人的力量、敏捷、果断;更能使人们逐渐养成严守纪律、谦虚礼让、互助互爱的高尚情操;还能于观看比赛中培养我们对集体、对祖国的热爱之情。

第二节　游泳运动的魅力

游泳运动对于健身益处多多,这种全身性的运动几乎可以锻炼人身上的所有肌肉,不但可以帮助减肥,还可以提高人体内在机能,尤其是坚持有规律的强化训练,更可以获得意想不到的效果。

(1)游泳有助于改善心血管的功能。持久的游泳锻炼能够调动身体的机能,促进血液的循环,使心脏体积增大。

(2)游泳锻炼能够提高人体呼吸系统的机能。众所周知,水的密度远远大于空气,这意味着与在大气中相比,人体胸腔和腹腔在水中要承受更大的压力,这会给呼气和吸气增加困难。曾有人做过专门的实验,游泳时人的胸廓要受到12～15千克水的压力,那么要想使身体获得足够的氧气,呼吸肌就必须不断地克服这种压力,直观表现就是人会更用力地呼吸。因此经常游泳可以增大呼吸肌的收缩力量,从而增强呼吸系统的功能,加大肺活量。

(3)游泳锻炼可以塑造健美的体型。游泳过程中,压力的存在使得手臂、双腿以及几乎全身的肌肉协调运动,坚持下去即可帮助人们锻炼出完美的肌肉与宽厚的肩膀、灵活的腰肢、匀称的体型。鉴于此，肥胖者可将游泳作为自己主要的减肥运动。但在游泳前，须做好准备工作，同时必须注意安全，防止发生意外事故。

(4)游泳对颈椎病问题的防治有较好的效果。在颈椎病治疗早期或恢复期，长期坚持游泳效果显著。游泳时换气的过程正好可以保持颈椎肌肉的持续运动，这正是治疗颈椎病的科学方法。对于长久坐着不动，低头弯腰用电脑处理工作的上班族，颈部、腰部很容易疲劳，这部分人正是颈椎劳损、腰椎间盘突出、肩周炎等慢性疾病的高发人群。而人在仰泳时，身体仰卧在水上，腰椎、颈椎都能受到水浮力的衬托，从而可防治颈椎病。只要愿意跳到水中动起来，对身体就会有极大益处。此外，游泳还有改善体温调节机能，增强免疫力，预防疾病，治疗康复等诸多好处。调查显示，游泳对于预防和治疗中老年一系列慢性疾病也有独特的效果。但游泳过程中也应注意训练方法、训练环境、训练强度等问题，以免适得其反。

第三节　我游泳我健康

每每看到技高一筹的游泳选手在深水中做出诸如仰卧、直立行走等高难度动作时，我们都会在惊讶之余艳羡不已，但是对于初学者而言，这些动作都不是一朝一夕在短时间内可以学会的，熟能生巧，还是应该从基础内容学起，在熟练掌握基础动作要领后再去追求高超的游泳技术。对于游泳初学者，这里有必要将安全意识放在首位来讲。一般来说，如果游泳场所是在自然界的江河湖泊中，那么一般应以夏季为宜，冬天不适宜学习游泳，冬天的水温过低，过低的水温会使人体消耗能量增加，容易使人精疲力竭而出现身体不适的状况；学习游泳应在水位较浅的位置进行，以免初学者出现体力不支或突发状况时无法及时得救，危及生命；此外，学习游泳切不可高估自己的能力，自不量力，盲目单干，急于求成，完美的游泳技术不是靠麻痹大意、目空一切的心态达成的，而是靠脚踏实地的科学方法练就的。总之，安全意识是每一位游泳者都必须时刻谨记的常识，毕竟游泳只是众多健身方法中的一种，因为游泳而造成不必要的人身伤害和财产损失是每个人都不想看到的。

任何一种运动项目都会涉及安全问题，所以在运动中有安全意识是必要的，尤其是学习游泳，水中的运动环境与陆地上截然不同。但因为担心安全问题而害怕学习游泳，甚至害怕下水往往成了绝大多数游泳初学者的通病，成为掌握游泳技能的绊脚石。这是游泳者的另一个极端，一味地缩手缩脚，谨小慎微反而会适得其反，也是无法真正学会游泳的。

对游泳初学者，大部分教师往往喜欢讲很多关于游泳的方式方法和基本理论，比如水中如何换气等。但我认为，具体的技巧方法不是最关键的，最关键的是游泳心态的调整，即适应游泳这项运动环境。笔者分析认为这种恐水心理的根源在于人体对于水中的运动方式改变的不适应性，习惯了大气中依靠双脚与大地的摩擦力来提供前进动力，初学者进入水中时会感觉无从发力，进而导致身体没有支撑点而下沉，这更令初学者慌乱而导致身体产生本能的不规则的摆动，进而导致呛水。这种切身感受到的恐慌心理，加上呛水的痛苦经历，久而久之就使人产生了恐惧感和排斥感。针对这种恐水心理，笔者认为帮助游泳初学者熟悉水性——了解水的特性和适应水中的环境才是重中之重，这种心理不是仅凭导师的几句讲解就能克服的，只有让游泳者真正置身其中，真正地去感受、去体验，再加上导师的鼓励、分析，才能让初学者逐步接受和熟悉水这一全新的环境，进而对它熟悉、产生好感并学会游泳。

对多数游泳初学者而言，最重要的是学会如何掌控自己的身体，达到在水中浮起来的效果，有了这个基础，其他的各种游泳姿势将会不攻自破，学起来游刃有余。如何提高学生的身体自控能力呢？可以做一些蹬地前滑、依靠惯性前滑时完成划水等的动态练习，来提高学生控制身体的能力。学习游泳时有一点十分值得注意：应尽量少使用器械。对于初学者而言，虽然器材可以暂时保证学习者的安全，增加初学者的安全感，但是与之俱来的负面影响也不容忽视，学习者很容易对器械产生依赖，长时间无法摆脱器械，对学习者的心态和技能都十分不利，70%的学生在依赖器械学游泳之后，再离开器械会感到不适应，并且长时间依赖器械来增加浮力以控制自己的身体姿势，会严重影响游泳学习的进程，不能真正地掌握游泳这项运动，与学游泳的初衷背道而驰。

正确的心态是学习游泳的前提条件，有了正确的心态才能正确地认识游泳这项运动，继而掌握游泳技能与方式，科学地学习游泳。至于在游泳学习过程中涉及的各种动作要领的掌握技巧，各种游泳方式的具体注意事项，以及一些基本的动作规范，这里不再一一赘述。总之，只要摆正心态，方法正确，学习游泳并不是一件可望而不可即的事情，相反是一件值得享受的事情。

★ **静止便是死亡，只有运动才能敲开永生的大门。**

印度作家——泰戈尔

★ **生活多美好啊，体育锻炼乐趣无穷。**

俄国诗人——普希金

附　录

附录 1　国际泳联游泳设施规则

一、通则

(1)国际泳联奥林匹克标准游泳池。所有世界锦标赛(除成人世界锦标赛外)和奥运会必须在符合本规则游泳、跳水、水球和花样游泳条款规定的游泳池中举行。

(2)国际泳联最低标准游泳池。执行国际泳联规则的所有其他竞赛应在符合本节最低标准的游泳池中举行。

(3)为了保证为娱乐、训练、竞赛目的使用游泳设施者的健康和安全,公共游泳池或仅用于训练和竞赛的游泳池的拥有者,必须遵从游泳池所在地法律和卫生部门的有关规定。

二、游泳池

1.长度

①50 米池。当在出发端或同时在转身端安装自动裁判装置触板时,必须保证游泳池两端触板之间的距离为要求的 50 米。

②25 米池。当在出发端或同时在转身端安装自动裁判装置触板时，必须保证游泳池两端触板之间的距离为要求的 25 米。

2.容许误差

①50 米长的游泳池，每条泳道两端池壁自水面上 0.3 米至水面下 0.8 米范围之间的容许误差为＋0.03 米，－0.00 米。这些规格必须经游泳池所在国会员组织指定或批准的专业测量人员或其他具备资格人员检测证明符合要求。安装触板后误差不得超出此范围。

②25 米长的游泳池，每条泳道两端池壁自水面上 0.3 米至水面下 0.8 米范围之间的容许误差为＋0.03 米，－0.00 米。这些规格必须经游泳池所在国会员组织指定或批准的专业测量人员或其他具备资格人员检测证明符合要求。安装触板后误差不得超出此范围。

③深度：带出发台的游泳池，从距池壁 1 米起到距池壁至少 6 米的范围内，池深至少 1.35 米；其他地方池深至少 1 米。

3.池壁

①两端池壁必须平行，并且垂直于泳道和水面。池壁必须由坚实材料构成，自水面下 0.8 米以上的池壁必须防滑，以保证运动员在转身触壁和蹬壁时不发生意外。

②允许在池壁上设休息台。休息台必须设在水面下至少 1.2 米深处，台面宽 0.1～0.15 米。

③池的四壁可设水槽。如果在两端池壁上设水槽，必须能够按规定在水面上 0.3 米处安装触板。水槽必须用合适的栅板或隔板遮盖。

④泳道至少宽 2.5 米，第一道和最后一道外侧必须有至少 0.2 米的空间。

4.分道线

①分道线必须延伸至泳道全长，两端用安装在池壁内的挂钩固定。挂钩的安装必须保证泳池两端的浮标位于水面。每条分道线由直径最小 0.05 米、最大 0.15 米的单个浮标连接而成。

游泳池中，分道线的颜色应为：绿色 2 条，用于 1、8 道，蓝色 4 条，用于 2、3、6、7 道，黄色 2 条，用于 4、5 道。

从两端池壁开始 5.0 米内浮标的颜色应为红色。每两条泳道之间只能有一条分道线。分道线必须拉紧。

②距两端池壁 15 米处的浮标颜色应区别于其周围浮标。

③在 50 米池中，必须用浮标标示出 25 米位置。

④可以在泳池出发和转身端的分道线上设置由柔软材料制作的泳道号码。

5.出发台

出发台必须坚固且没有弹性，高出水面 0.5～0.75 米。台面至少为 0.5 米×0.5 米，用防滑材料覆盖，最大倾斜不超过 10°。出发台的建造应使运动员在出发时能在前缘和两侧抓住出发台。如果台面厚度超过 0.04 米，建议在台的两侧各挖一条宽至少 0.1 米，在台的前缘挖一条宽 0.4 米的抓槽，槽深 0.03 米。可以在出发台的两侧设出发握手器。仰泳出发的握手器必须同时有横的和竖的，高出水面 0.3～0.6 米，平行于池壁，且不得突出池壁之外。设出发台的池端，从距池壁 1 米起到距池壁 6 米的范围内，池深至少 1.35 米。可以在出发台下安装电子显示板，但不允许闪烁。仰泳出发时显示板上的数字不能跳动。

6.编号

每个出发台的四周都应明显地标出泳道号码。在出发端面对泳池时，1 道位于右手一侧。50 米的项目例外，因其可能从对面出发。可以在触板上部标出泳道号码。

7.仰泳转身标志

仰泳转身标志线为横跨游泳池的旗绳，系在离泳池两端 5 米的固定柱子上，高出水面 1.8～2.5 米。必须在距两端池壁 15 米处的泳池两侧（可能时在各分道线上）设置明显的标志。

8.水温

水温必须为 25℃～28℃。比赛中池水必须保持在正常水位，不能有明显的流动。为了遵守大多数国家的卫生条例，只要不产生明显的流动或漩涡，允许采用循环换水。

9.照明

出发台和转身端的照明度不得低于 600 勒克司。

10.泳道标志

泳道标志线应为对比明显的深色，位于池底各泳道的中央。宽度：0.2～0.3 米。长度：50 米池的泳道标志线长 46 米，25 米池的泳道标志线长 21 米。2006 年 1 月 1 日以后建的 50 米长游泳池，必须在距两端池壁 15 米处的泳道标志线上画出长 0.5 米的横线。

11.隔墙

当隔墙作为一端池壁时，它必须横贯整个泳池，其垂直面须坚实、平整、防滑、稳固，以便在水面上 0.3 米到水面下至少 0.8 米的位置安装触板。隔墙在水平面上、下方不能有危险的孔洞以免运动员的手、脚、脚趾或手指穿过。隔墙的设计必须使裁判员可以沿墙自由行走而不会产生明显的水流或漩涡。

附录 2　游泳竞赛的组织

游泳竞赛是推动游泳运动发展的一个重要途径。通过竞赛，可以发现优秀后备人才，促进游泳技战术水平和运动成绩的提高；可以培养运动员的意志品质和团队精神，互相学习，增进友谊；可以提高游泳裁判员、教练员、医务人员、科研人员的工作能力；还可以丰富业余生活，促进群众性游泳活动的开展，推动全民健身计划的实施。游泳竞赛有两种组织形式。一种是较高级别的竞赛，分为主办单位和承办单位。由主办单位提出竞赛的基础方案（如大会名称、竞赛规模、竞赛规程、经费预算等），由承办单位负责竞赛的具体工作。另一种是基层竞赛，组织竞赛的单位既是主办单位又是承办单位，由本单位的主管领导统一指挥，建立相应的组织机构来负责竞赛的具体工作。要使游泳竞赛顺利进行，达到预期效果，就必须制订周密的计划，认真组织实施，有条不紊地做好各项工作。

一、成立领导机构，确定组织方案

筹备游泳竞赛时，首先要建立组织委员会。组织委员会是竞赛的最高领导机构，由主办单位的主要领导和有关部门的负责人组成。一般设主任 1 人，副主任 1～2 人，委员若干人。

组织委员会首先要研究决定竞赛的组织方案，包括竞赛的名称、目的、任务、时间、地点、规模、工作机构、经费预算等，同时要研究确定竞赛规程，拟订工作计划。

二、设立工作机构，按分工开展工作

组织委员会下应设立必要的工作机构，按分工开展工作。工作机构的设置及形式，应根据竞赛的规模、级别等具体情况而定。各机构要明确分工，团结协作，将大会各项工作做好。

组织委员会包括：办公室、竞赛处、宣传处、行政处、场地器材处、保卫处、仲裁委员会。

各工作机构的主要职责为：

1.办公室

(1)根据比赛大会组织方案和竞赛规程的有关精神，拟订大会的工作进程和计划，经组委会通过后执行。

(2)召集有关会议，检查、监督各项工作进程，协调、督促各部门工作。

(3)根据组织委员会的提议，聘请仲裁委员会成员。

(4)主持和处理赛前、赛中各项行政事务工作。

(5)负责对外联络和官员的接待工作。

(6)组织开幕式和闭幕式。

(7)大会总结工作。

2.竞赛处

(1)拟订竞赛规程，补充规定和有关注意事项。

(2)编排竞赛日程。

(3)组织参赛单位报名。

(4)选派裁判员。

(5)审查报名资格。

(6)组织编排记录人员根据报名情况做好赛前的编排工作，印制并发放《秩序册》。

(7)准备各种比赛表格。

(8)赛前召集总裁判、教练员联席会议。

(9)安排各队赛前训练。

(10)赛中督促检查各项竞赛工作，处理与竞赛有关的问题，配合组织颁奖工作。

(11)配合有关部门做好兴奋剂检测工作。

(12)印制并发放《成绩册》,办理运动员成绩证明。

3.宣传处

(1)负责大会的宣传、报道,负责与电台、电视台、报社等新闻媒体的联系。

(2)草拟各种有关宣传方面的文件。

(3)组织运动会体育道德风尚奖的评选工作。

(4)加强与保卫部门、竞赛部门的联系,组织好观众。

4.行政处

(1)负责编制大会经费预算,掌握经费开支及有关费用的报销。

(2)负责安排领队、教练员、运动员、工作人员、裁判员的住宿、伙食、交通、医疗,做好一切后勤保障工作。

(3)采购物资,保证大会物资供应。

5.场地器材处

(1)赛前准备好比赛场地,确保泳池、水质、水温、灯光及标志等符合竞赛规则的要求(详见《游泳竞赛规则》)。大型比赛须由国家承认的测绘单位测量池长并提供书面证明。

(2)准备好比赛所需器材、设备(如自动计时装置)及裁判工作用具。

(3)每场比赛前,按要求布置好裁判员所需的桌椅及设备。

(4)每场赛后,及时清理场地,进行池水的消毒、补充以及各项清洁卫生工作。

6.保卫处

(1)安排保卫人员值班,做好领队、教练员、运动员、工作人员和裁判员等与会人员住地的安全保卫工作。

(2)负责比赛场地的安全保卫工作,维持赛场正常秩序。

7.仲裁委员会

仲裁委员会委员由组织委员会提名,一般由主办单位领导、承办单位领导和游泳界权威人士若干人组成。其主要任务是接受申诉,裁决比赛期间执行竞赛规则、竞赛规程中发生的纠纷,保证竞赛规则和规程的正确执行。

仲裁委员会根据申诉以及总裁判针对申诉提交的书面报告，进行必要的调查研究，经过讨论，及时对申诉作出最终的裁决。其工作程序按《仲裁委员会条例》和有关规定执行。

三、制定竞赛规程

竞赛规程是竞赛活动的指导性文件，是保证比赛公平、公正而需组织者和全体参与者共同遵守的章程，是整个游泳竞赛工作的依据。

1.制定竞赛规程的要求

竞赛规程由主办单位(或组织委员会)根据比赛的目的、任务及具体条件而制定。制定竞赛规程要遵循可行性、公平性、稳定性的原则，力求具体而明确，并及早公布或分发至有关单位，以便承办单位和各参加单位按规定做好准备工作，及时报名并准时参赛。规程一经制定，就必须严格执行。

2.竞赛规程的内容

游泳竞赛规程一般应包括以下内容：

(1)运动会名称

(2)竞赛日期和地点

(3)参加单位

(4)竞赛项目

(5)参加办法

参加办法主要指运动员参赛资格、年龄分组的方法，每单位各组别限报人数、每人限报项数，每单位领队、教练、工作人员限报人数及参加比赛的资格等。

(6)竞赛办法

竞赛办法主要指比赛采用的竞赛规则以及根据本次比赛的实际而制定的一些特殊规定，如预赛、半决赛、决赛的规定，犯规、弃权的处罚规定等。

(7)录取名次与奖励的办法

规定各单项录取名次和计分的办法，团体总分的计分办法和录取名次、创纪录的加分办法及各项奖励的办法。

(8)报名时间和报名办法

(9)代表队报到时间和地点

(10)裁判员

包括总裁判和其他裁判员的选派、报到时间及其他有关要求。

(11)其他有关要求和注意事项

四、组织报名

竞赛规程一确定，主办单位就应将竞赛规程和报名表一起尽早发送给参加单位，要求参加单位按规定进行报名。

在举办大中型游泳比赛时，一般还要预先排定一个竞赛日程，附在竞赛规程内，发送给参加单位，以便各单位参照竞赛日程进行报名，处理好运动员的兼项，并有计划地做好赛前准备。

五、选派裁判员

应根据竞赛规模和水平，选派精通游泳竞赛规则和裁判法、作风正派、坚持原则、责任心强的裁判员担任裁判工作。一般做法是，由主办单位指派总裁判、副总裁判和部分骨干裁判，其余裁判则由承办单位选派。

裁判员一般应按规定提前 2～3 天报到，参加赛前学习和实习。总裁判、副总裁判、编排记录长、自动计时长还应比其他裁判员再提前 1～2 天报到，以便做好有关的赛前准备工作。

六、竞赛期间的工作

1.报到接待

承办单位要根据大会日程安排，做好各参赛单位和裁判员报到的接待工作。

2.召开裁判动员大会

裁判员报到后，竞赛组应及时召开全体裁判员动员大会，由主办单位领导和承办单位领导进行动员，通报有关情况，提出对裁判工作的要求。尔后由总裁判组织全体裁判员进行学习和实习。

3.召开组织委员会会议

一般情况下，各参赛单位领队都是组织委员会的成员。在各参赛单位报到后，主办单位应及时召开组织委员会会议，通报大会的筹备情况，提出对参赛单位的要求，统一认识。

4.召开总裁判、教练员联席会议

竞赛组应在比赛前主持召开总裁判、教练员联席会议。会议内容主要为：

（1）有关竞赛规程及补充通知中不太明确的或容易引起争议的条文的说明，统一认识。

（2）裁判组关于竞赛规则、裁判法的有关说明。一般需预先形成文字材料，在会议上分发给教练员。

（3）裁判组关于报名和编排情况的说明。有些比赛，须在联席会议上对报名做最后的确认。各单位若发现《秩序册》中的编排有错漏，应立即提出更正。

（4）关于大会开幕式、闭幕式、颁奖等的有关说明。

（5）有关竞赛其他问题的说明。

5.组织开幕式

根据事先排定的程序，组织好开幕式。

6.组织比赛

根据竞赛日程组织比赛；根据事先排定的程序，组织好单项颁奖。

七、竞赛的结束工作

1.组织闭幕式

根据事先排定的程序，组织好闭幕式和团体颁奖。

2.印发《成绩册》

比赛结束后，编排记录组应迅速编印《成绩册》。竞赛组一般要在各单位离会前，将《成绩册》分发到各单位。

3.整理成绩资料，汇总上报

比赛结束后，承办单位应及时整理成绩资料，将有关材料汇总上报主办单位。

4.办理各队及裁判员离会事宜

比赛结束后，承办单位要安排好各队运动员、教练员、工作人员及裁判员离会的有关事宜。

5.做好工作总结

比赛结束后，各部门及组委会要做好工作总结，向上级汇报工作情况。

附录3 竞赛规则

第一章 竞赛管理与裁判员

第一条 竞赛管理

1.竞赛组织

①竞赛主办单位负责任命技术代表、仲裁、总裁判并委派裁判员。

②组织委员会或竞赛委员会全面负责大会的各项工作，对规则中未明文规定的事项有权作出决定。

③技术代表在组织委员会或竞赛委员会领导下，主持竞赛工作及裁判员管理，保证竞赛规程、规则得以顺利执行。

2.裁判员设置

①采用人工计时，裁判人员设置如下：

总裁判 1 人，副总裁判 1～4 人；

技术检查员 4 人；

发令员 2～3 人；

转身检查长 2 人(终点端和转身端各 1 人)，转身检查员每条泳道两端各 1 人；

计时长 1 人，副计时长 1～2 人，计时员每条泳道 3 人(其中 1 人由终点端转身检查员兼任)；

编排记录长 1 人，副编排记录长 1～2 人，编排记录员 4～8 人；

检录长 1 人，副检录长 1～2 人，检录员 5～8 人；

宣告员 1～2 人；

司线员 1～2 人；

替补裁判员 2～4 人。

②采用自动计时装置而未使用录像计时系统时，须使用半自动计

时装置或人工计时作替补，需增设自动计时长 1 人，自动计时员 1～2 人。

③未采用自动计时装置和每条泳道未配备 3 块计时表人工计时时，必须配备终点裁判长 1 人、副终点裁判长 1 人，终点裁判员 6～9 人。

④未采用自动计时装置而每条泳道配备 3 块计时表人工计时时，根据实际情况，可增设终点裁判。

⑤基层比赛的裁判员人数可根据比赛的具体条件安排。

第二条　裁判员职责

1.总裁判与副总裁判职责

①总裁判在组委会和技术代表领导下，全面领导和分配全体裁判员的工作，并明确各裁判员的职责和任务。

②总裁判应严格执行竞赛规程和竞赛规则，解决比赛中的有关问题，并可决定规则中未详尽或没有明文规定的问题，但不能修改规程和规则。

③总裁判可随时干预比赛，以保证规程和规则得以执行，有权裁定有关比赛进行时的各种异议。

④当终点裁判员所判定的名次与计时员计取的成绩不一致时，总裁判有权决定名次。

⑤总裁判为保证竞赛顺利进行，可随时指派替补裁判员上岗工作，在必要时有权撤换不称职的裁判员。

⑥总裁判根据自己的观察或其他裁判员的报告，有权取消犯规运动员的比赛资格或录取资格。

⑦总裁判应于比赛前检查场地、器材是否符合规则的规定。

⑧在每项、组比赛开始时，总裁判应用连续的短促哨声示意运动员脱外衣；然后用长哨声示意运动员站到各自的出发台上（仰泳项目和混合泳接力项目第一棒的运动员应立即下水，在总裁判发出第二声长哨时，应迅速游回池端做好出发准备）。当所有运动员和裁判员都做好准备时，总裁判用向外平伸手臂的动作示意发令员准备发令，待发令结束后总裁判再收回手势。

⑨各项、组的比赛成绩须经总裁判签名。

⑩副总裁判协助总裁判工作。总裁判、副总裁判可轮流担任各场比赛的执行总裁判,履行该场比赛总裁判的职责。

2.技术检查员职责

①技术检查员位于游泳池两侧,在总裁判直接领导下进行工作。

②技术检查员负责检查运动员在游进中的泳式和动作是否符合规则,协助两端转身检查员检查运动员转身、到达终点和接力交接棒的动作是否符合规则。

③技术检查员如发现运动员犯规,应及时报告并填写检查表交总裁判。

3.发令员职责

①发令员应站在游泳池的侧面,离出发池端5米以内处发令。发令时能使运动员和计时员听到或看到出发信号。

②发令员有权管理由总裁判发出手势信号后至比赛开始的运动员。

③发令员有权判定运动员出发时是否犯规,如取消运动员比赛资格或录取资格,须经总裁判同意。

④当发现运动员延误比赛、蓄意不服从命令或在出发时有任何犯规行为,发令员应向总裁判报告。总裁判有权取消该运动员的比赛资格。

4.转身检查长职责

①转身检查长负责领导和分配本端转身检查员的工作,确保每位转身检查员工作职责的完成。

②如转身检查员报告运动员犯规,转身检查长应及时报告总裁判,并审核转身检查员交来的检查表,签名后及时上交总裁判。

③转身检查长根据自己的观察发现运动员犯规,应及时报告总裁判并填写检查表上交。

5.转身检查员职责

①每条泳道两端各设一名转身检查员。

②转身检查员负责检查运动员从触壁前最后一次手臂动作开始至转身后第一次手臂动作结束的整个转身动作是否符合规则。

③出发端的转身检查员还要负责检查运动员从出发入水后至第

一次划水结束的动作是否符合规则。在接力项目比赛中检查出发运动员是否在前一名运动员触及池壁后离开出发台。

④转身端的转身检查员在800米和1500米项目中还要负责记录该泳道运动员完成的趟数，并用报趟牌向运动员显示所剩趟数。

⑤终点端的转身检查员还要负责检查运动员到达终点的动作是否符合规则，可兼做计时员的工作；在800米和1500米的项目中，运动员到达终点前105米(25米泳池为55米)时，应用铃声或哨声向运动员发出信号，直至运动员转身后到达5米处。

⑥转身检查员在发现运动员犯规后，应及时报告并填写检查表交转身检查长。

6.自动计时长与自动计时员职责

①自动计时长负责领导和分配自动计时员的工作。赛前参与检查和调试设备，赛时负责监督自动计时装置的运行情况，整理自动计时的成绩记录单，签名后备查。

②自动计时员协助专业技术人员安装、调试全部的自动计时装置，比赛时协助、监督专业技术人员操作主机及有关设备，向自动计时长提交自动计时成绩记录单。

③在某项、组比赛结束后，如发现自动计时装置失灵，应及时报告总裁判，并按有关规定处理。

④接力比赛时，如发现自动计时装置有抢跳犯规显示，自动计时长应及时报告总裁判。

⑤与编排记录组配合，准确记录运动员的成绩、弃权及犯规等情况。

7.计时长、副计时长与计时员职责

①计时长负责领导和分配计时员的工作。副计时长协助计时长工作。

②计时长应于比赛前检查计时表是否准确可用。

③计时长和计时员在发令员发出“出发信号”后立即按动计时表，在运动员抵达终点后立即按停计时表。计时长计取的成绩可作为检查、核对和补充之用。

④计时长在每组比赛完毕，收集各泳道的比赛卡片，必要时查看

计时员的计时表，核对比赛成绩。当采用每条泳道3块计时表计时而未设置终点裁判时，运动员的正式成绩是录取名次的根本依据。当设置终点裁判时，计时长将比赛卡片与终点裁判长核对名次后，交总裁判审查。

⑤计时员负责计取运动员在比赛中的成绩及计取100米以上距离项目的分段成绩，并将成绩登记在比赛卡片上交计时长。如计时长要求查看计时表成绩，应将计时表出示受检。在总裁判组织下一组比赛鸣短哨声时回表。

⑥使用半自动计时装置时，计时员还要负责计取本泳道的半自动计时成绩。

8.编排记录长、副编排记录长与编排记录员职责

①编排记录长负责领导和分配编排记录员的工作；负责检查和核对每项比赛成绩、名次，并提请总裁判在成绩单上签字。副编排记录长协助编排记录长工作。

②编排记录员在比赛前，应根据规程、规则、报名单、竞赛日程及有关材料，编排竞赛秩序，印制裁判所需的各种表格。

③比赛中，准确地记录和及时公布每组、每项比赛成绩。预赛、半决赛后，按成绩编排半决赛、决赛秩序，统计新创纪录、团体总分等。

④比赛结束后，应尽快编制成绩册，经总裁判、副总裁判签名后送交组委会。

9.检录长、副检录长与检录员职责

①检录长负责领导与分配检录员的工作。副检录长协助检录长工作。

②检录员负责布置检录处，赛前核对运动员比赛卡片。

③检录员在每场比赛前负责接收各项接力棒次表。

④检录员在每组比赛前负责点名，并带领运动员入场。及时向检录长和总裁判报告未参加检录的运动员名单。比赛完毕后，带领运动员离场。颁奖时，负责召集和引导工作。检录员还要负责检查运动员泳装是否符合规定、广告标志是否符合组委会要求。

10.宣告员职责

宣告员在总裁判领导下，将比赛项目和进行情况及时向观众介绍，并宣布经总裁判确认的比赛成绩。

11.司线员职责

司线员负责掌管召回线，当听到召回信号后，应迅速放下召回线，将运动员召回。

第二章　比赛通则

第一条　参加办法

1.报名

①参加单位必须按竞赛规程规定，确定每项参加的人数和每人参加的项数，并在规定时间内办理报名手续。在报名单上要填写运动员在报名截止日期前12个月内的最好成绩。

②除了竞赛规程另有规定外，在报名后不得更换运动员或更改项目。

2.参赛

①接力比赛以队为单位，每个接力队应有4名队员，每名接力队员在一次接力比赛中只能游其中的一棒。每单位可在报名参加比赛的同组运动员中任选4人参加接力比赛，在预赛、决赛中参加者可任意调换。各队须将参加接力比赛的运动员名单及顺序在该场比赛开始前至少30分钟交检录处，否则以弃权论。接力队必须按提交的名单和顺序参加比赛，否则将被取消录取资格。

②参加比赛的运动员必须在该项比赛开始前至少20分钟到第1检录室接受对泳装的检查，检查合格后运动员方可进入第2检录室参加检录。

第二条　编排

1.预赛

按运动员（或接力队）报名成绩优次排列次序。在报名单上未按要求填写报名成绩者，将作为成绩最差的排在最后。报名成绩相同或无报名成绩者超过1人时，应以抽签方法决定其排列次序。各项预赛按以下方法编排。

①只有1组时，应作为决赛编排，并安排在决赛时段进行。

②2组时，报名成绩最好者应编在第2组，次好者应编在第1组，

再次者应编在第2组，第4名应编在第1组，以此类推。

③3组时，报名成绩最好者应编在第3组，次好者应编在第2组，再次者应编在第1组，第4名应编在第3组，第5名应编在第2组，第6名应编在第1组，以此类推。

④4组或4组以上时，最后3组按上述第③项的方法编排。所剩运动员（或接力队），按其报名成绩优次顺序编满倒数第4组。如还剩下运动员（或接力队），再按其报名成绩优次顺序编满倒数第5组，以此类推。

⑤两组或两组以上的任何预赛组内至少应有3名运动员（或接力队）。但若编排后有运动员（或接力队）弃权，则该预赛组内可少于3名运动员（或接力队）。

2.泳道安排

使用6条泳道时，同一组按报名成绩优次顺序依次安排在第3、4、2、5、1、6泳道。

使用8条泳道时，同一组按报名成绩优次顺序依次安排在第4、5、3、6、2、7、1、8泳道。

使用10条泳道时，同一组按报名成绩优次顺序依次安排在第4、5、3、6、2、7、1、8、0、9泳道。

泳道数为奇数时，同一组报名成绩最好的运动员（或接力队）应安排在中间的泳道，成绩次好者应安排在其左侧泳道（面向游泳池），再次好者应安排在其右侧泳道，以此类推。

3.半决赛、决赛

①50米、100米、200米距离的项目进行预赛、半决赛、决赛。其他距离项目只进行预赛和决赛。

②半决赛项目，根据预赛成绩的排列顺序，按照本条“1”款“②”项和“2”款的规定编组和安排泳道。

③决赛项目，根据预赛或半决赛成绩的排列顺序，无预赛时根据报名成绩的排列顺序，按照本条“2”款的规定安排泳道。

④如果游泳池设有10条泳道，当800米和1500米自由泳预赛出现第8名有2人成绩相同时，决赛将启用第9泳道，用抽签的方式决定第8和第9泳道的运动员。当800米和1500米自由泳预赛出现第

8 名有 3 人成绩相同时，决赛将启用第 9 和第 0 泳道，用抽签的方式决定第 8、第 9 和第 0 泳道的运动员。

⑤比赛如采用分组决赛，则根据报名成绩的顺序编满最后一组，再编满倒数第 2 组，以此类推。同一组的运动员或接力队，按本条“2”款的规定安排泳道。800 米和 1500 米自由泳项目的最后 1 组可安排在决赛时段进行。

4.重赛

在使用 8 条（或 10 条）泳道的比赛中，在确定一个项目的第 8 名或第 16 名（第 10 名或第 20 名）时，如果有两名或两名以上运动员的成绩直至百分之一秒都相同，决定参加半决赛、决赛人选的办法为：

①如采用自动计时装置或每条泳道有 3 块计时表计时（未设终点裁判员），同组或不同组的运动员成绩相同者，都必须重赛，按重赛后的名次确定参加半决赛或决赛人选。

②在采用人工计时并设终点裁判员的情况下，同组运动员成绩相同者不重赛，按该组的终点名次确定参加半决赛或决赛人选。不同组的运动员成绩相同者，按以下 3 种方法确定参加重赛的运动员：

A.某项预赛或半决赛后，两组或两组以上的运动员成绩相同，需要确定一名参加半决赛或决赛时，各组终点名次最前的一名参加重赛。重赛后的优胜者参加半决赛或决赛。

B.某项预赛或半决赛后，A 组的甲、乙、丙（按该组终点名次排列顺序）运动员与 B 组甲运动员成绩相同，需要确定两名参加半决赛或决赛时，A 组的丙应被淘汰，由 A 组的乙和 B 组的甲重赛。重赛后的优胜者与 A 组的甲一起参加半决赛或决赛。

C.某项预赛或半决赛后，A 组的甲、乙运动员与 B 组的甲、乙运动员成绩相同，需要确定两名参加决赛或半决赛时，这 4 名运动员应一起重赛。重赛后名次列前的 2 名运动员参加半决赛或决赛。

③重赛应在所有有关运动员游完预赛或半决赛至少 1 小时后进行（或经有关方面协商确定时间），以抽签的方法安排泳道。

④重赛后若成绩仍相同，则仍按上述条款处理。

⑤必要时，应进行重赛来确定第 1 和第 2 替补运动员。

5.弃权

①已获得半决赛或决赛资格的运动员（或接力队）可以在该项比

赛结束 30 分钟内提出弃权。运动员(或接力队)若在技术会议后提出预赛弃权,或在获得半决赛或决赛资格的比赛结束 30 分钟后提出半决赛或决赛弃权,将按有关规定予以处罚。

②当有运动员(或接力队)半决赛或决赛弃权时,应按预赛或半决赛成绩排列的顺序依次替补。该项目必须按本条“1”款“②”项和“2”款的规定重新编排,并通告详细的变动或替补情况。

第三条　出发

1.出发的规定

①自由泳、蛙泳、蝶泳、个人混合泳及自由泳接力的比赛必须从出发台出发。当总裁判发出长哨声信号后,运动员应站到出发台上;当发令员发出“各就位”的口令后,运动员应至少有一只脚置于出发台的前缘,立即做好出发姿势。当所有运动员都处于静止状态时,发令员发出“出发信号”。

②仰泳比赛、混合泳接力的第 1 棒比赛必须从水中出发。当总裁判发出第一声长哨声信号后,运动员应立即下水;当总裁判发出第二声长哨声信号后,运动员应迅速游回池端;当所有运动员都做好出发准备时,发令员发出“各就位”的口令;当所有运动员都处于静止状态时,发令员发出“出发信号”。

③在 50 米池进行 50 米项目的比赛,在哪一端出发,应根据组委会的决定执行,并在赛前通知运动员。

2.出发犯规的判罚规定

①任何运动员如在“出发信号”发出前出发,应判犯规。如果在“出发信号”发出后发现运动员抢跳,应继续比赛,在该组比赛结束后取消抢跳运动员的录取资格。如果在“出发信号”发出前发现运动员抢跳,则不再发“出发信号”,取消抢跳运动员比赛资格后,总裁判以长哨声(仰泳为第二声长哨)开始重新组织其余运动员出发。

②因裁判员的失误或器材失灵而导致运动员抢跳时,发令员应将运动员召回重新出发,不作为抢跳犯规。

第四条　计时

自动计时、半自动计时与人工计时,均为正式的计时方法。

1.自动计时

(1)自动计时装置必须在指定裁判员的监督下进行操作。由自动计时装置记录的成绩应当用于确定名次和各泳道的成绩。如果自动计时装置发生故障,或发现其明显失灵,或运动员未能触停该装置,则半自动计时或人工计时的成绩将作为正式成绩。

(2)使用自动计时装置时,成绩只需记录到百分之一秒。当可以精确到千分之一秒时,不记录千分位数,也不以千分位数来确定成绩和名次。比赛中出现相同成绩时,则成绩在百分位相同的所有运动员其名次相同。在电子公告板上只应显示到百分之一秒的成绩。

(3)自动计时工作程序

①在使用自动计时装置时,由该装置确定的成绩、名次和接力交接棒情况,应当优先被采用。

②某组比赛中,当自动计时装置未能记录到 1 名或多名运动员的成绩和(或)名次时,应:

A.记录所有可获得的自动计时和半自动计时装置成绩和名次。

B.记录所有人工计时成绩和名次。

C.正式名次按下述方法确定:

·在同一组中,具有自动计时装置成绩和名次的运动员进行比较,应保持其相对顺序。

·不具有自动计时装置名次但具有自动计时装置成绩的运动员,须用其自动计时装置成绩与其他运动员的自动计时装置成绩进行比较,确定其相对顺序。

·既没有自动计时装置名次又没有自动计时装置成绩的运动员,应采用其半自动计时装置成绩或 3 块数字式计时表记录的成绩来确定其相对顺序。

D.正式成绩按下述方法确定:

·具有自动计时装置成绩的所有运动员,其自动计时装置成绩即为正式成绩。

·无自动计时装置成绩的所有运动员,其半自动计时装置成绩或 3 块数字式计时表记录的成绩即为正式成绩。

E.某项预赛后确定全部运动员相对名次的方法为:

・比较所有运动员的正式成绩,以确定其相对名次。

・如果 1 名运动员的正式成绩与 1 名或多名运动员的正式成绩相同,则该项中具有此成绩的所有运动员的相对名次并列。

2.人工计时

(1)任何由 1 名裁判员按停的计时装置均应视为 1 块计时表。

(2)每条泳道必须指派 3 名计时员,所使用的计时表必须精确至百分之一秒。

(3)人工计时的正式成绩按下述方法确定:

①在 3 块计时表中,有 2 块以上计取的成绩相同时,该成绩即为正式成绩。

②如果 3 块计时表计取的成绩都不相同,应以中间的成绩为正式成绩。

③如果 3 块计时表中只有 2 块正常运行,应以平均成绩为正式成绩。

(4)在计时成绩和终点名次顺序不一致时(如第 2 名的成绩反比第 1 名的成绩好),应以总裁判的判定为准。若总裁判判定以终点名次为准,应将第 1 名与第 2 名的正式成绩相加后平均,作为第 1 名和第 2 名的正式成绩(平均成绩取至百分位秒数)。若总裁判判定以计时成绩为准,应以计时成绩顺序重新排列名次。若出现两名以上终点名次和计时成绩顺序不一致时,仍按此办法处理。

3.单项比赛犯规的成绩记录

如果运动员在某项比赛中或比赛后被判犯规,该情况应记录在正式成绩单上,但其成绩或名次不予记录或公布。

4.接力比赛犯规的成绩记录

接力比赛第一棒运动员的分段成绩应被计取,并公布在正式成绩单上。如接力队被判犯规,则犯规之前的分段成绩应记录在正式成绩单上。

第五条　比赛和犯规

1.比赛规定

(1)赛中,不得将不同项目、不同性别的运动员(或接力队)混合编组。

(2)运动员应游完全程才能获得录取资格。

(3)运动员应始终在其出发的同一泳道内比赛和抵达终点。

(4)在所有项目中，运动员转身时必须按各泳式的规定触及池壁，不允许在池底跨越或行走。

(5)在自由泳项目和混合泳项目的自由泳段比赛中，允许运动员在池底站立，但不得行走。

(6)不允许拉分道线。

(7)比赛中，运动员不得使用或穿戴任何有利于其速度、浮力、耐力的器具(如手蹼、脚蹼等)或泳装，但可戴游泳镜。不允许在身上使用任何胶带，除非得到组委会指定的医疗机构同意。

(8)在比赛场地内，不允许速度诱导及采用任何能起速度诱导作用的装置与方法。

(9)由于某运动员犯规而影响其他运动员获得优异成绩时，总裁判有权允许被干扰的运动员重新参加预赛。如在决赛或最后一组预赛中发生上述情况，可令该组重新比赛。

(10)接力项目如果有预赛，奖牌和证书应授予获名次接力队中参加了预赛或决赛的所有运动员。

(11)只有赛事组委会设置的录像设备才能作为判断运动员犯规和名次的依据之一。

2.犯规判罚规定

(1)游出本泳道阻碍其他运动员或以其他方式干扰其他运动员者，应判犯规。如属故意犯规，总裁判应将犯规情况报告主办单位和犯规运动员所在单位。

(2)在一项比赛进行过程中，当所有比赛的运动员还未游完全程前，未参加比赛的运动员如果下水，应取消其原定的下一次的比赛资格。

(3)接力比赛中，如本队的前一名运动员尚未触及池壁，后一名运动员的脚已蹬离出发台，应判犯规。

(4)接力比赛中，在各队的所有运动员还未游完之前，除了应游该棒的运动员之外，任何其他接力队员如果进入水中，应判犯规。

(5)运动员抵达终点后或在接力比赛中游完自己的距离后，应尽快离池，如妨碍其他游进中的运动员，应判该运动员或接力队犯规。

第六条　全国纪录

1.全国纪录的项目

(1)男子、女子50米池全国纪录的项目

自由泳:50米、100米、200米、400米、800米、1500米。

仰泳:50米、100米、200米。

蛙泳:50米、100米、200米。

蝶泳:50米、100米、200米。

个人混合泳:200米、400米。

自由泳接力:4×100米、4×200米。

混合泳接力:4×100米。

(2)男子、女子25米池全国纪录的项目

自由泳:50米、100米、200米、400米、800米、1500米。

仰泳:50米、100米、200米。

蛙泳:50米、100米、200米。

蝶泳:50米、100米、200米。

个人混合泳:100米、200米、400米。

自由泳接力:4×50米、4×100米、4×200米。

混合泳接力:4×50米、4×100米。

2.全国纪录的申请与承认

(1)一个项目只允许一个成绩作为全国纪录。全国纪录必须是自动计时装置计取的成绩，或者是在自动计时装置失灵时由半自动计时装置计取的成绩。如果是半自动计时装置计取的成绩，则必须是3名计时员同时计取的，方可申请为全国纪录。

(2)一名运动员在一次竞赛中，同一个项目先后数次的成绩超过原全国纪录，当后一次高于前一次成绩时方可申请为全国纪录。在一次竞赛中两名以上运动员成绩先后超过原全国纪录时，后者高于前者的方可申请为全国纪录。在一项比赛中只有优胜者的成绩方可申请为全国纪录。如同时在两地举行比赛，两地运动员成绩都高于原全国纪录的，在24小时以内创造的方可申请为全国纪录。成绩相同时，先创者的成绩可申请为全国纪录，后者为平全国纪录。

(3)凡在符合本规则有关规定并有国际级或国家级游泳裁判员参加裁判工作的比赛中创造的成绩，方可申请为全国纪录。

(4)接力比赛中第一棒运动员的成绩可申请为全国纪录。如该运动员按规则有关规定在其本人的游程中创造了这一项目的纪录，即使本接力队因其他队员在其后犯规而被取消录取资格，这一纪录仍应被承认。

(5)运动员在个人项目中的某一分段成绩可申请为全国纪录，只要运动员本人、其教练员或领队在该场比赛前向总裁判提出计取分段成绩的申请，或者该成绩是由自动计时装置计取的。运动员必须按规则游完该项的全程，方可申请这一纪录。

(6)创纪录。运动员的正式成绩(自动计时装置成绩、半自动计时装置成绩)与国家体育总局公布的全国纪录相比较，凡超过者为创全国纪录。如某项全国纪录为 1:06.96，运动员的成绩是 1:06.95，应算创全国纪录。平全国纪录的运动员，应承认为全国纪录的保持者。

(7)在全国综合性运动会游泳比赛、全国游泳锦标赛和全国游泳冠军赛中创造的全国纪录将自动生效。

(8)运动员必须穿着中国游泳协会批准使用的泳装所创全国纪录才能被承认。

(9)在淡水中进行的比赛所创全国纪录才能被承认。

(10)运动员创全国纪录，必须经过兴奋剂检查合格后方可由运动员所在单位按国家体育总局公布的《申请创全国纪录的办法》办理申请手续。

(11)当使用可移动池壁的游泳池进行比赛时，如有运动员的成绩超世界纪录，在该场比赛结束后，必须经由国家承认的测绘单位重新检测各泳道的长度并提供书面证明。

第三章　各项泳式的比赛规定

第一条　自由泳

1.自由泳比赛中，可采用任何泳式。但在个人混合泳及混合泳接力比赛中，自由泳是指除蝶泳、仰泳、蛙泳以外的泳式。

2.每次转身和到达终点时，运动员身体的某一部分必须触及池壁。

3.在整个游程中，运动员身体的某一部分必须露出水面。在出发和每次转身后，允许运动员身体完全没入水中，在 15 米前（含 15 米）运动员的头部必须露出水面。

第二条 仰泳

1.在出发信号发出前，运动员应在水中面对出发端，两手抓住出发握手器。禁止两脚蹬在水槽里、水槽上或脚趾勾在水槽沿上。

2.出发和每次转身后，运动员应蹬离池壁，除在做转身动作外，运动员在整个游进过程中应始终呈仰卧姿势，允许身体做转动动作，但必须保持与水平面小于 90°的仰卧姿势，头部位置不受此限。

3.在整个游进过程中，运动员身体的某一部分必须露出水面。在出发、转身及抵达终点时，允许运动员身体完全没入水中。出发和每次转身后，在 15 米前（含 15 米）运动员的头部必须露出水面。

4.在转身过程中，运动员身体的某一部分必须触壁，允许肩的转动超过垂直面，之后可做一次单臂划水或双臂同时划水动作，并以此划水动作作为连贯转身动作的开始。运动员必须呈仰卧姿势蹬离池壁。

5.运动员在到达终点时，必须以仰卧姿势触壁。

第三条 蛙泳

1.在出发和每次转身后，允许运动员身体没入水中，可做一次手臂充分向后划至腿部的动作。在第一次手臂划水动作过程中，允许打一次蝶泳腿接蛙泳蹬腿动作。

2.从出发和每次转身后的第一次手臂动作开始，身体应保持俯卧。任何时候都不允许身体呈仰卧姿势。在出发后的整个游程中，动作周期必须是以一次划臂和一次蹬腿的顺序完成。

3.两臂的所有动作应同时并在同一水平面上进行，不得有交替动作。两手应同时在水面、水下或水上由胸前伸出。除转身前的最后一次划水动作、转身过程中及抵达终点前的最后一次划水动作外，肘部不得露出水面。两手应在水面或水下向后划水。除出发和每次转身后的第一次划水动作外，两手向后划水不得超过臀线。

4.在每个完整动作周期内，运动员头的某一部分必须露出水面。

出发和每次转身后的第二次划臂至最宽点两手向内划水前，头部必须露出水面。

5.两腿的所有动作应同时并在同一水平面上进行，不得有交替动作。在蹬腿过程中，两脚必须做外翻动作，不允许做剪夹、上下交替打水或向下的蝶泳打水动作(本条第 1 项所述除外)，只要不做向下的蝶泳打腿动作，允许两脚露出水面。

6.在每次转身和到达终点时，两手应在水面、水上或水下同时触壁。在触壁前的最后一次划水动作结束后，头可以没入水中。但在触壁前最后一个完整或不完整的动作周期中，头的某一部分应露出水面。

第四条　蝶泳

1.从出发和每次转身后的第一次手臂动作开始，身体应保持俯卧姿势，允许水下侧打腿。任何时候都不允许呈仰卧姿势。

2.两臂必须在水面上同时向前摆动，并同时在水下向后划水。

3.所有腿部的上下打水动作必须同时进行。两腿或两脚可不在同一水平面上，但不允许有交替动作，不允许蹬蛙泳腿。

4.在每次转身和到达终点时，两手应在水面、水上或水下同时触壁。

5.在出发和每次转身后，允许运动员身体完全没入水中，可做一次或多次打腿动作和一次划水动作，划水动作结束必须使身体升出水面。在 15 米前(含 15 米)运动员的头部必须露出水面。运动员必须使身体保持在水面上，直至下次转身或到达终点。

第五条　混合泳

1.个人混合泳必须按照蝶泳、仰泳、蛙泳、自由泳的顺序进行比赛。每种泳式必须完成赛程四分之一的距离。

2.混合泳接力必须按照仰泳、蛙泳、蝶泳、自由泳的顺序进行比赛。

3.在个人混合泳和混合泳接力项目的比赛中，每一泳式都必须符合相关泳式的有关规定。在仰泳转蛙泳过程中，运动员必须呈仰泳姿势触及池壁。

第四章　场地、器材设备

第一条　游泳池

1.池长：游泳池应长 50 米(短池长 25 米)，误差范围为＋0.03米，－0.00 米。两端池壁自水面上 0.30 米至水面下 0.80 米的范围内，必须符合此要求。安装自动计时装置触板后，误差不得超出此范围。

以上规格必须经由国家承认的测绘单位测量并提供书面证明。

2.池宽：举办全国综合性运动会游泳比赛、全国游泳冠军赛、全国游泳锦标赛的游泳池宽应为 25 米，其他重大赛事的游泳池宽至少为 21 米。

3.池深：游泳池深度至少 2 米，推荐 3 米。

4.池壁：游泳池两端池壁必须平行，垂直于泳道和水面。池壁必须坚实、平整，自水面下 0.80 米以上的池壁必须防滑。

允许在池壁上设休息台。休息台必须设在水面下至少 1.20 米深处，台面宽 0.10～0.15 米。游泳池的四壁可设水槽。如果在两端池壁上设水槽，水槽必须用合适的栅板或隔板遮盖，同时能够在水面上 0.30 米处安装触板。

5.移动池壁：当游泳池的一端使用移动池壁时，必须横贯整个游泳池，池壁必须垂直、坚实、平整、防滑，在水面上 0.30 米到水面下至少 0.80 米的位置能够安装触板；移动池壁在水面上下方不能有伤及运动员手、脚、手指和脚趾的孔洞；移动池壁的设计必须使裁判员可以自由行走而不会产生明显的水流和漩涡。

6.池水：水温 25℃～28℃。比赛时，池水必须保持正常水位。如使用水循环装置，池水不得有明显的流动或漩涡。池水应达到使运动员能看清池底和池壁标志线的清晰程度。池水水质必须符合国家游泳场所的水质卫生标准。

7.照明：整个游泳池的照明度不得少于 1500 勒克斯。

8.如果游泳池与跳水池在同一比赛场地内，则游泳池与跳水池之间至少应相隔 5 米。

第二条　泳道、分道线与标志线

1.泳道：游泳池可设 8 条或 10 条泳道。由 9 条或 11 条分道线构成。每条泳道宽 2.50 米。使用 8 条泳道比赛时，泳道应是从 1 到 8 道。使用 10 条泳道比赛时，泳道应是从 0 到 9 道。

2.分道线：分道线必须拉至游泳池两端，固定分道线的挂钩应安装在池壁内，分道线必须拉紧。分道线由直径 0.05～0.15 米的单个浮标连接而成，距两端池壁 15 米处和 50 米池的 25 米处的浮标颜色应不同于其周围浮标颜色。自两端池壁起至 5 米内之浮标为红色。两条泳道之间只允许有一条分道线。

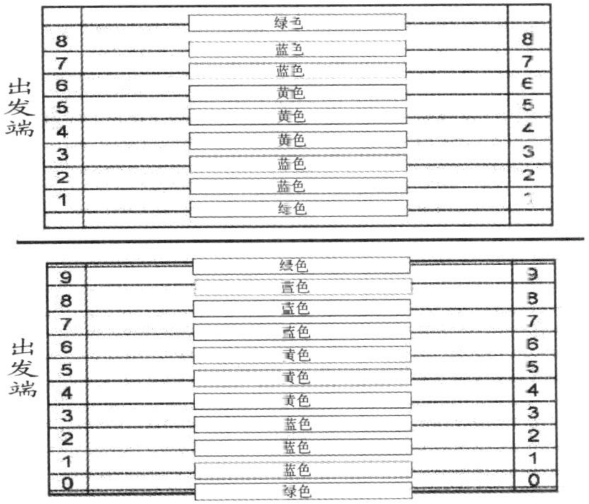

图 1　泳道分道线颜色示意图

使用 8 条泳道比赛时，游泳池的分道线颜色见图 1：

第 1、9 分道线为绿色；

第 2、3、7、8 分道线为蓝色；

第 4、5、6 分道线为黄色。

使用 10 条泳道比赛时，游泳池的分道线颜色如下：（见图 1）

第 1、11 分道线为绿色；

第 2、3、4、8、9、10 分道线为蓝色；

第 5、6、7 分道线为黄色。

3.泳道标志线：各泳道中间的池底应有清晰的深色标志线，线宽 0.20～0.30 米，线长 46 米（25 米池线长 21 米），泳道标志线两端距池端各为 2 米。在泳道标志线的两端应各设一条长 1 米与泳道标志线同宽并与其垂直的对称横线。

50 米游泳池的每条泳道标志线，在距两端池壁 15 米处设一条长 0.50 米、宽 0.20～0.30 米的横线（横线的前缘距池壁 15 米）。

4.池端目标标志线：池端目标标志线应设在两端池壁上或触板上，位于各泳道正中，宽为 0.20～0.30 米，从池壁的上缘一直延伸到池底。在水面下 0.30 米处的池端目标标志线中心上设一横线，横线长 0.50米，宽 0.20～0.30 米。

第三条　出发台

1.出发台应正对泳道的中间，其前缘应高出水面 0.50～0.75 米。出发台的表面面积至少为 0.50 米×0.50 米（重大游泳赛事的出发台表面面积至少宽 0.50 米×长 0.60 米）。台面应由防滑材料覆盖，其向前倾斜不超过 10°。出发台前缘应与池壁在同一垂直面上。出发台可设置可调节踏板。可在出发台的两侧设出发握手器。允许在出发台下安装电子显示板，但不能闪烁。仰泳出发时显示板上的数字不能跳动。

出发台必须坚固没有弹性，并应保证运动员出发时能在前缘和两侧抓住出发台。如果出发台台面的厚度超过 0.04 米，可在出发台两侧设至少 0.10 米长、前端设至少 0.40 米长的握手槽。槽深 0.03 米。

2.出发台必须设有横式和竖式的仰泳出发握手器，高出水面 0.30～0.60 米。横握手器与水平面平行，竖握手器与水面垂直。握手器应与池壁在同一垂直面上，不得突出池壁之外。

3.出发台四周应用明显的阿拉伯数字标明泳道号数。出发台的号数应在出发一端面对游泳池从右至左依次排列。

第四条　召回线与仰泳转身标志线

1.出发召回线：出发召回线必须横跨游泳池并系在离出发池端 15 米处的固定柱子上，距水面至少 1.20 米，要能迅速放入水中，有效地覆盖全部泳道。

2.仰泳转身标志线：仰泳转身标志线为横跨游泳池的旗绳。旗绳两端固定在离游泳池两端 5 米的柱子上，高出水面 1.80 米。标志旗必须固定在标志线上，规格为底边 0.20 米、两斜边 0.40 米的三角形。标志旗之间的距离为 0.25 米。

第五条　自动计时装置

1.全国综合性运动会游泳比赛、全国游泳冠军赛、全国游泳锦标赛必须采用自动计时装置。

2.自动和半自动计时装置应能判定运动员到达终点的先后，并记录运动员的成绩。计取的成绩应精确到百分之一秒。任何装置均不得妨碍运动员的出发、转身和溢水系统的功能。这种装置应由发令员启动。装置的连线尽可能不要露在池岸上，能够按名次和泳道显示出各泳道所有记录下的信息，提供易读的运动员成绩。

3.自动计时装置应包括以下设备：

(1)发令装置

①供发令员发布口令的话筒。

②如使用发令枪，必须带有信号转换器。

③话筒和信号转换器应与各出发台的扬声器相连，使运动员都能同时听到发令员的口令和出发信号。

(2)自动计时装置触板：触板最少应为宽 2.40 米×高 0.90 米，厚度为 0.01 米±0.002 米。触板应露出水面 0.30 米，浸入水中 0.60 米，各泳道的触板应独立安装以便单独控制。触板的表面颜色必须鲜明，并设有固定的池端目标标志线。

①安装：触板应安装在泳道中心的固定位置上，并应轻便，以便容易拆卸。

②灵敏度：触板的灵敏度应不会受水浪的波动而产生作用，只对运动员的轻微触动产生作用。触板的顶部前缘应是灵敏的。

③标志线：触板上的标志线应与池壁的标志线一致并重叠，触板的周围和边缘应标有 0.025 米的黑边。

④安全性：触板应没有触电的危险，触板的边缘应平滑。

(3)自动计时装置至少有下列配件和功能：

①在比赛中能重复打印出各种信息。

②电子公告板。

③精确到百分之一秒的接力出发判断器。当使用自动计时摄像系统时，该系统可以作为接力出发判断器的补充。

④自动计趟器。

⑤分段成绩显示。

⑥总名次排列。

⑦误触板纠正器。

⑧自动充电器。

(4)在举办全国综合性运动会、全国游泳冠军赛、全国游泳锦标赛时,还应具备下列条件:

电子公告板至少应有 12 行,每行可显示 32 个字符,每个字符的位置上均能显示字母和数字,每个字符至少为 0.36 米高。显示栏应可上下翻动,并且有闪烁功能。电子公告板应显示在比赛中运行的成绩。每个矩阵记分牌都应能通过计算机程序进行控制,并能显示动画。成绩公布板至少为 7.50 米宽,4.50 米高。

在离终点池端 3～5 米处,必须有一个装有空调的控制中心,面积至少为 6 米×3 米,要求在比赛中随时能不受阻碍地观察到终点端的情况。总裁判在比赛期间应能方便地出入控制中心,其他时间控制中心应能封闭。

(5)使用自动计时装置时,可以采用半自动计时装置作为自动计时装置的备用系统,每条泳道须有 3 个按钮,由 3 名裁判员独立操作。在运动员抵达终点触壁后,裁判员立即按下按钮以计取成绩。

第六条　基层比赛的场地、器材

1.设有出发台的游泳池,其出发端从距池壁 1 米起到距池壁至少 6 米处,深度至少 1.35 米。其他地方池深至少 1 米。

2.泳道宽不得少于 2 米,第 1 泳道及最后一道与两侧池壁的距离不得少于 0.20 米。

3.在出发端和转身端的照明度不得少于 600 勒克斯。

4.泳道数和池宽不限。

5.分道线颜色不限。

6.游泳池池水温度不得低于 25℃。

7.其余比赛场地、器材设备规格应符合第四章相关条款的规定。

第五章　附则

第一条　泳装规定

运动员只允许穿一件泳装参加比赛。男运动员泳装不得高于肚脐、低于膝部。女运动员泳装可以是连体的或分体的，但不得覆盖颈部、延伸过肩部，不得低于膝部。所有泳装的材质为不透明的纺织品。

第二条　赛前练习

在运动员报到后及比赛日的非比赛时间，比赛池和训练池应提供给运动员训练使用。为保证安全，运动员不得使用划手掌、脚蹼等器材。除冲刺泳道外，其他泳道禁止跳水。

第三条　场馆保障

承办单位应在游泳场馆的一侧，提供部分座席给运动队和裁判员，让他们能够在现场观看比赛。承办单位应为裁判员提供会议及休息场所。场馆内禁止吸烟。

第四条　广告标志

不允许运动员出现任何方式的身体广告。必要时，在赛前介绍运动员及颁奖仪式上，运动员应按要求在胸前佩戴主办单位提供的广告标志。

第五条　录像设备

所有被批准的水上、水下录像及摄像设备，均不得阻挡运动员视线或游进路线，不得干扰比赛。

第六条　急救保障

比赛期间，比赛场馆应配备必要的急救、救生设施和医护人员、救生员。

第七条　技术会议

各参赛代表队应派代表按时参加赛前技术会议。对于缺席的代表队，主办单位可对其进行相应处罚，其参赛人员若出现技术会议内容涉及的报名报项更正、申诉等相关事宜，将不予受理。

第八条　申诉

各代表队对裁判员的判决有异议时，其领队应先口头向总裁判提出询问，如仍有异议，须在该项比赛结束后 30 分钟以内填写申诉书并签名后交总裁判，同时交纳申诉费人民币 500 元。总裁判签署意见后将申诉书送交技术代表，技术代表召集仲裁委员对申诉进行复议和裁决。仲裁委员会的裁决为最终裁定。如果申诉被否决，申诉费将上缴赛会管理组织，反之，申诉费将返还。

第九条　基层比赛

基层比赛可参照本《规则》，根据实际情况进行组织。

游泳比赛的场地要求如下：

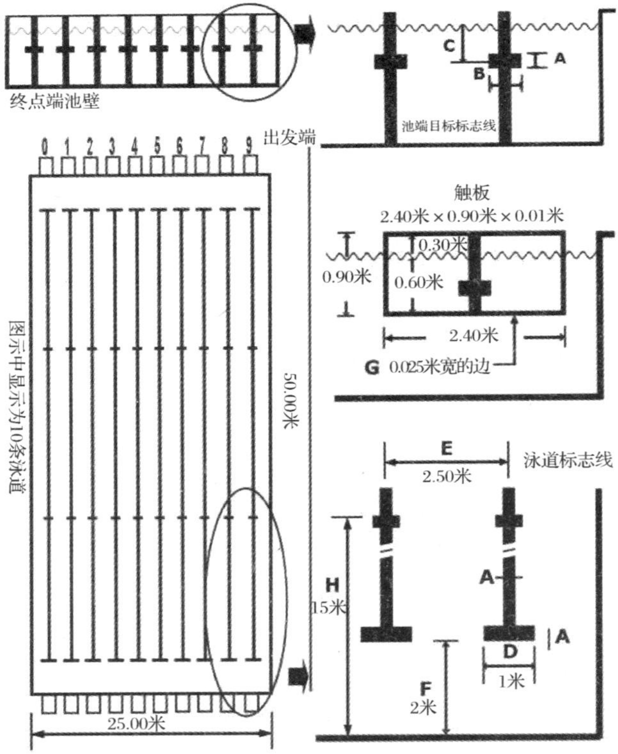

图 2

附录 4　裁判方法

一、记录

记录工作的任务是准确、迅速地记录、公布、统计、汇总比赛的所有成绩。记录工作是保证比赛顺利进行的重要环节，不允许出现任何差错。

要做好记录工作，一是要在赛前做好充分的准备；二是要有明确的分工，各司其职；三是要严格按规定程序办事，一环扣一环，有条不紊地开展工作；四是在每个环节都要进行反复的检查核对。

1.位置

比赛期间，记录组应有相对独立的工作空间。一般应安排在靠近总裁判席和自动计时控制室的地方，以方便工作的联系。

不论记录组在什么位置，在比赛现场，都必须有一名记录员（通常是编排记录长或副编排记录长）位于宣告员旁边，随时处理成绩、名次等的与记录、公告有关的事宜。

2.分工

记录工作应有明确的分工。一般可按下表安排。

记录工作分工表

岗位	人数	工作内容	备注
A	1	核对成绩与名次，处理重赛，编排半决赛、决赛	编排记录长担任
B	2	编制竞赛成绩公布表、半决赛和决赛名单公布表	按男、女项目分工
C	2	统计破纪录情况、登记前×名成绩、统计加分和扣分、累计团体总分	按男、女项目分工
D	1	编印各场成绩公报	
E	1	积累有关材料编制成绩册	
F	1	公告栏公布各项信息	
G	2	填写或打印奖状、成绩证明单	

3.赛前准备

(1)准备各种表格

①记录和公布成绩的表格

A.竞赛成绩公布表

竞赛成绩公布表

____子____组____米____泳____赛　　第____组

泳道	1	2	3	4	5	6	7	8
姓名								
单位								
成绩								
名次								
备注								

时间：____年____月____日第____场

B.半决赛名单公布表

半决赛名单公布表

____子____组____米____泳____赛

组次	泳道	1	2	3	4	5	6	7	8
1	姓名								
	单位								
2	姓名								
	单位								

时间：____年____月____日第____场第____项

C.决赛名单公布表

决赛名单公布表

____子____组____米____泳____赛

泳道	1	2	3	4	5	6	7	8
姓名								
单位								

时间：____年____月____日第____场第____项

D.前×名成绩记录表

前×名成绩记录表

名次	一	二	三	四	五	六	七	八
50 米自由泳	姓名							
	单位							
	成绩							
	得分							
100 米自由泳								
……								

E.团体总分记录表

团体总分记录表

单位	50 米自由泳	100 米自由泳	200 米自由泳	400 米自由泳	……	团体总分	团体名次	备注
北京								
上海								
天津								
重庆								
山东								
河北								
辽宁								
……								

F.创纪录统计表

创纪录统计表

序号	项目	姓名	单位	成绩	原纪录	时间
1						
2						
3						
4						
5						
6						
……						
合计	项	人	单位	次		

G.成绩证明单

游泳比赛成绩证明单

<table>
<tr><td>项　　目</td><td colspan="2"></td><td>成　　绩</td><td colspan="2"></td></tr>
<tr><td>姓　　名</td><td></td><td>性别</td><td></td><td>出生年月</td><td></td></tr>
<tr><td>单　　位</td><td colspan="3"></td><td>运动等级</td><td></td></tr>
<tr><td>竞赛名称</td><td colspan="5"></td></tr>
<tr><td>竞赛日期</td><td colspan="5"></td></tr>
<tr><td>竞赛地点</td><td colspan="5"></td></tr>
<tr><td>池　　长</td><td colspan="3">米</td><td>水　温</td><td>℃</td></tr>
<tr><td>计时方式</td><td colspan="5"></td></tr>
<tr><td>自动计时装置</td><td colspan="5"></td></tr>
<tr><td>总裁判(签名)</td><td colspan="3"></td><td>裁判等级</td><td></td></tr>
<tr><td colspan="6">组委会审核意见：

（盖章）

年　　月　　日</td></tr>
</table>

②各裁判组使用的表格

A.计时存查表

B.游泳检查表

C.终点存查表

D.终点综合名次登记表

E.比赛名次报告表

F.接力棒次表

G.分段成绩创纪录申请表

H.弃权申请(报告)表

I.抗议申请书

J.总裁判意见书及仲裁委员会决议书

(2)布置公告栏

在赛场比较醒目且较空旷处,布置好公告栏,以便在比赛中公布及张贴各种竞赛信息。

二、现场工作

1.现场工作程序

①某组预赛后的工作步骤

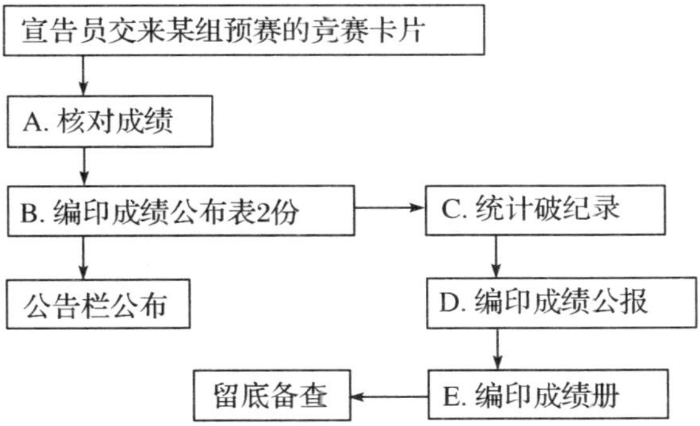

②某项各组预赛结束后的工作步骤

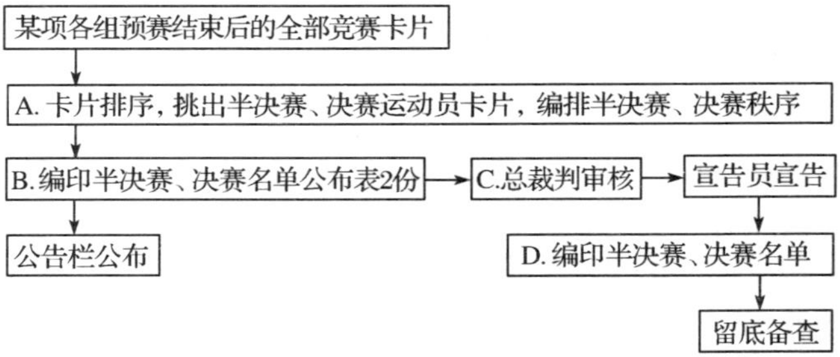

③某项决赛后的工作步骤

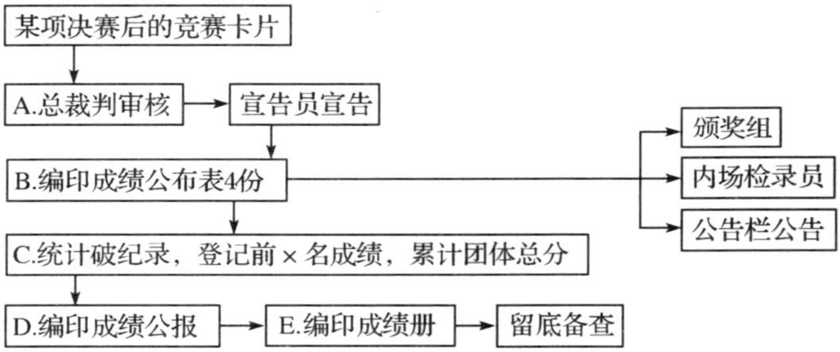

2.重赛的处理

预赛、半决赛结束后，如有运动员成绩相同而涉及参加半决赛、决赛人选的确定时，应区分不同情况分别处理。

①如果采用自动计时装置，或每条泳道有 3 块秒表计时但未设终点裁判，则同组或不同组的运动员成绩相同者，都必须重赛。按重赛的名次确定参加半决赛、决赛的人选。

②如果采用人工计时并设置了终点裁判，且成绩相同者都为同组的运动员，则不重赛，按预赛、半决赛的名次确定参加半决赛、决赛的人选。

③如果采用人工计时并设置了终点裁判，且成绩相同者有不同组的运动员，则可采用下述“简明判定法”确定参加重赛的运动员，再按重赛的名次确定参加半决赛、决赛的人选。例：某项预赛后要按成绩录取 8 人参加决赛。但第 7 名有 4 人成绩相同，A1、A2、A3 来自第 1 组且按其终点名次排列；B1 来自第 2 组。现需从 4 人中选 2 人参加决赛。具体步骤如下：

A.将所有成绩相同者按组列出，各组按终点名次的顺序从左向右排列。

B.需要录取几名参加下一轮比赛，就在第几列的右边画一条“淘汰线”。位于该线右边的运动员是“绝对无资格者”，将其划掉。本例需选 2 人参加决赛，故在 A2 之右侧画出“淘汰线”，将 A3 划掉。

C.计算除本组以外其他各组所剩运动员人数之和，有几人就在各组第一人之前打上几个“▲”号。这一步骤是假设当剩下的所有运动员都参加重赛时，出现了“其他各组所有运动员的重赛名次都优于该组第一名”的极端情况。本例，对于第 1 组，打上 1 个“▲”号(除本组外只有 B1 一人)；对于第 2 组，打上 2 个“▲”号(除本组外有 A1、A2 两人)。

D.根据所需人数分别对各组试录取(即处理各种极端情况)。1 个“▲”号代表 1 个人。先录取以“▲”号代表者，再录取本组运动员。各组中凡能被录取上的是“绝对有资格者”，不必重赛而直接进入下一赛次，将其圈出。本例需选 2 人参加决赛，则第 1 组 A1 可圈出。

E.各组剩下的运动员必须重赛。重赛后按名次取若干名与“绝对有资格者”一起参加下一赛次的比赛。

④重赛应在所有有关运动员游完预赛或半决赛至少一小时后(或经有关方面协商确定时间)进行。以抽签的方法安排泳道。重赛后若名次仍相同则再重赛，直至分出胜负。

⑤某项预赛后需重赛的工作步骤

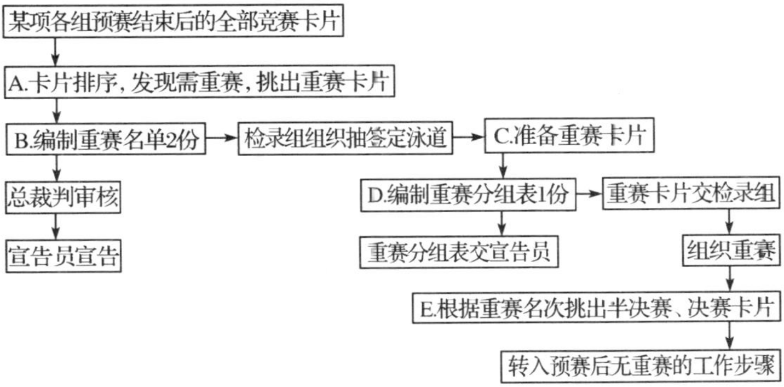

3.替补的处理

在半决赛、决赛检录时，如果有运动员弃权，根据规则精神应进行替补。如果替补运动员已到场，编排记录组必须立即重编该组半决赛、决赛秩序。

处理替补的工作步骤为：

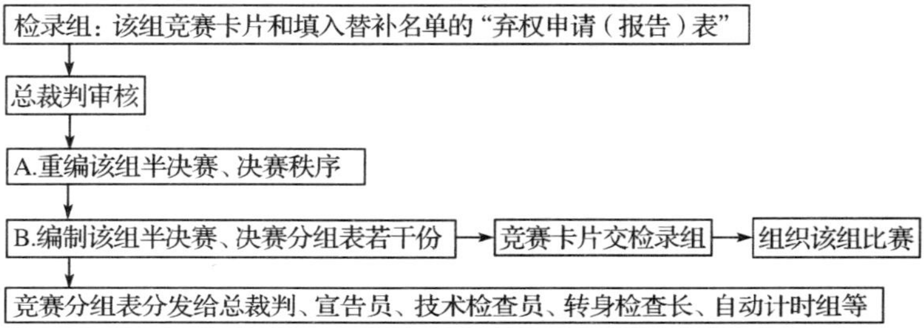

（1）每场赛后，及时统计并公布前×名成绩、全能成绩、团体总分等。

（2）每场赛后，及时印制成绩公报（含决赛名单）或下一场竞赛分组表，并分发给各有关单位、人员和裁判组。

（3）每场赛后，及时填写或打印比赛成绩证明单，并尽快分发给各有关单位。

（4）全部比赛结束后，准确、及时地统计出团体总分与团体名次，送交总裁判宣布。

（5）尽快编印出《成绩册》，并及时分发给各有关单位和人员。

《成绩册》一般包括：

①封面

②目录

③总裁判、副总裁判签名

④获体育道德风尚奖名单（代表队、运动员、裁判员）

⑤破纪录统计表

⑥团体总分表

⑦各项比赛成绩

各项比赛成绩的排列顺序为：

性别：先男后女

泳式：自由泳、仰泳、蛙泳、蝶泳、个人混合泳、接力

距离：先短后长

赛别：决赛、半决赛、预赛

(6)整理好全部竞赛资料，送交竞赛主办单位存档备查。

(7)全部比赛结束后，做好本组工作总结。

(8)及时归还借用的器材。

三、检录

检录工作是保证各项比赛按计划准时进行的重要环节。检录员工作时要和蔼热情，认真细致，积极主动，有条不紊。

检录组一般设检录长1人，副检录长1人，检录员3～5人，可分为外场检录和内场检录。

1.赛前准备

①研究和统一检录方法，明确分工、职责和工作方法。

②根据赛场条件布置好外场检录处和内场候赛席。外场检录处一般设在靠近泳池出发端且比较宽敞、明亮的地方，以便于运动员就近休息和召集运动员。可设置3～4排座椅，标上泳道号。在外场检录处还须准备好挂钟和公布检录信息的黑板等。

内场候赛席一般设在泳池出发端和终点端的一侧，以便于运动员就近上道参加比赛。可设置2排座椅，标上泳道号。

③向编排记录组领取有关表格，以备代表队填写。主要是“接力棒次表”“弃权申请(报告)表”。

④每场赛前，向编排记录组领取该场竞赛卡片，依照秩序册认真核对，妥善保管。

⑤每场赛前，将该场比赛项目、组数、人数、比赛时间、点名时间、气温、水温等公布在外场检录处，并核准时间。

⑥大会如安排志愿者负责搬运参赛运动员衣物时，由检录组负责对志愿者的工作提出要求，并对志愿者进行培训。

1.现场工作

2.外场检录员

①每场比赛前 1 小时到达赛场，接收各代表队交来的“接力棒次表”，并将其附在接力项目各队竞赛卡片的后面。如果采用自动计时或计算机编排记录，则需复印接力棒次表 2 份分别交自动计时组和编排记录组，以便输入接力运动员名单。

接力棒次表

单位：__________ ____子____组____米____泳接力____赛 第____组

棒次	姓名	泳式	备注
1			
2			
3			
4			

领队或教练签名：__________

检录处收到接力棒次表时间：____年____月____日____时____分

②比赛前，如有运动员申请单项分段成绩创纪录并获总裁判批准，应将总裁判转交来的“分段成绩创纪录申请表”附在该运动员竞赛卡片的后面。

③每项比赛前 15 分钟第一次点名，按规程要求检查运动员的有关证件，同时检查运动员服装是否符合规则规定。

④每项比赛前约 5 分钟第二次点名，并请运动员按泳道顺序就座。第二次点名未到者按弃权处理。

如在预赛时出现弃权，应将弃权运动员的竞赛卡片抽出并注明“弃权”字样。如运动员递交了“弃权申请（报告）表”，检录员须在申请表上填入接收时间并由检录长签名。如运动员没有递交“弃权申请（报告）表”，则由检录员填写该表并由检录长签名。随后，立即将抽出的竞赛卡片和“弃权申请（报告）表”交总裁判。

弃权申请（报告）表

<table>
<tr><td>单位</td><td></td><td>姓名</td><td></td><td>性别</td><td></td></tr>
<tr><td>组别</td><td></td><td>项目</td><td></td><td>赛别</td><td></td></tr>
<tr><td colspan="6">______年______月______日第______场第______项______组______道</td></tr>
<tr><td>弃
权
原
因</td><td colspan="5">

申请人：____________ ______年______月______日</td></tr>
</table>

检录处收到弃权申请表时间：____年____月____日____时____分

替补运动员：____________________ 检录长：____________

如在半决赛、决赛时出现弃权，应点第一替补运动员补上。如第一替补运动员未到，则点第二替补运动员补上。然后立即将该组竞赛卡片及填入替补运动员名单的弃权申请（报告）表报送总裁判审核。

如第一、第二替补运动员均未到场，则不再替补，按预赛时的弃权处理。

如运动员已进入内场，再有运动员弃权，则不再替补。

⑤根据赛程情况，及时将运动员带入内场候赛席，并将该组竞赛卡片交给内场检录员。一般保持内场有两组运动员候赛即可。

3.内场检录员

①内场检录员请运动员按泳道顺序坐好，将竞赛卡片与运动员进行核对，若是接力项目，需核对棒次顺序。

②当前一组运动员出发后，将下一组卡片交给副计时长。如该组有运动员申请单项分段成绩创纪录，应提醒副计时长。

③预赛时，当前一组运动员游程还剩 25 米左右时，将下一组运动员带入各自泳道就座。预赛时运动员的座位一般在计时员的后面。

决赛时，在宣告员宣布“请运动员入场”后，检录员再将运动员带入各自泳道就座。决赛时运动员的座位一般在计时员的前面。

检录员在带领运动员入场时，一般 1 人在前面带，1 人在后面跟。前面的检录员到位后即转身。两人都要注意察看是否有运动员上错道。然后再返回内场候赛席。

④接力比赛中，配合终点端转身检查员督促前三棒运动员迅速起水。

一组比赛运动员全部抵达终点后，配合终点端转身检查员督促运动员起水、退场。

⑤若在每项决赛后立即发奖，内场检录员应负责召集并引导获奖运动员到候奖处，等候参加颁奖仪式。

⑥大会如有安排兴奋剂检测，内场检录员应协助检测人员召集待检运动员。

4.赛后工作

①每场比赛结束后，及时做好小结，不断改进工作。

②全部比赛结束后，做好本组工作总结。

③及时归还借用的器材。

四、计时

我国游泳竞赛规则规定，人工计时、自动装置计时和半自动装置计时，均被承认为正式的计时方法。本章仅介绍人工计时的方法。

计时工作是客观反映运动员成绩的重要环节。计时员必须具备高度的工作责任感、熟练的工作能力和实事求是的工作态度。工作时应精神贯注，准确地计取运动员的成绩。

计时组一般设计时长 1 人，副计时长 1～2 人，计时员每条泳道 3 人。

1.位置

计时组位于距终点池端后约 3 米的位置。

每条泳道的 3 名计时员组成 1 个计时小组，分别称为一表、二表、三表计时员。一表计时员位于右侧；二表计时员位于中间，面对本泳道的出发台；三表计时员位于左侧。

计时长位于第 4 和第 5 泳道计时小组之间（第 4 泳道三表计时员左侧）；副计时长位于计时组靠近候赛席的一侧。如果有两名副计时长，则另一名副计时长也位于第 4 和第 5 泳道计时小组之间（第 5 泳道一表计时员右侧）。

2.分工

计时长全面领导计时组的工作。

副计时长协助计时长工作，负责领取、分发计时组所需的秒表、夹板等各种用具，保管比赛用表；负责与检录组、编排记录组联系，及时解决竞赛卡片有误的各种问题。

每条泳道的计时小组，一表计时员为小组长，负责计时小组的全面工作。赛中计取运动员成绩兼计取100米以上距离项目的每分段成绩，同时负责核对运动员。

二表计时员为记录员，赛中计取运动员最终成绩，并负责小组的成绩记录和统计工作。

三表计时员由本端本泳道的转身检查员兼任，赛中除履行转身检查员的职责外，兼计取运动员最终成绩。

3.现场工作

①每场赛前，向全体计时员介绍本场比赛项目的特点，提出要求。必要时可进行数次集体听信号开表、停表练习。

②每组比赛开始前，副计时长将检录组交来的竞赛卡分发给各泳道计时小组长。如该组有运动员申请单项分段成绩破纪录，应通知计时长，并提醒相关泳道计时小组做好计取分段成绩的准备。

③每组赛前，总裁判发出短哨声信号时，提醒计时员回表。

④每组比赛，计时长、副计时长与计时员一样按要求开表。运动员出发后，注意检查计时员开表情况。如有计时员的秒表出现故障，计时长应迅速将空道的计时员调整过来，或以自己的秒表作为替补。

⑤接力比赛时，提醒计时小组3名计时员到池端，计取第一棒运动员的成绩。

⑥运动员抵达终点时，计时长、副计时长可计取第一名或有关泳道运动员的成绩，作为检查、校对、补充之用。

⑦运动员抵达终点后，计时长即开始收集竞赛卡片。边收边检查计时员计取的成绩、填写的内容是否准确清楚，发现错误或不清楚时要求计时员立即更正，必要时核查计时员的秒表。同时，将竞赛卡片按决定成绩的优次顺序排好。

⑧计时长收齐竞赛卡片后，即到终点组处与终点裁判长核对名次。然后将竞赛卡片与终点名次表交总裁判。如比赛未设终点组，则直接将竞赛卡片交总裁判。

⑨凡出现平纪录、超纪录或在达标赛中成绩达标时，计时长应到相关泳道计时小组处，认真检查核实秒表成绩并签名。

4.计时员

①每组比赛开始前，计时小组长接到副计时长分发的竞赛卡片后，立即根据《秩序册》或“竞赛分组表”核对运动员相关证件和竞赛卡片，发现问题及时报告计时长。

②计时小组长将卡片交给二表计时员。二表计时员随即在卡片的计时员一栏签本计时组成员姓名。

③当听到总裁判发出短哨声信号（或出发犯规召回信号）时，计时员应立即回表。没有得到规定信号，计时员不得擅自回表。在计时长或总裁判要求时，必须出示秒表受检。

④在总裁判发出长哨声信号时（仰泳项目为第一声长哨），全体计时员应迅速起立，集中注意力，听到发令员发出“出发信号”时立即按动秒表。

在 50 米长的游泳池中进行 50 米项目的比赛时，发令在另一池端进行，此时计时员应当看光信号（枪烟或闪光）按动秒表。

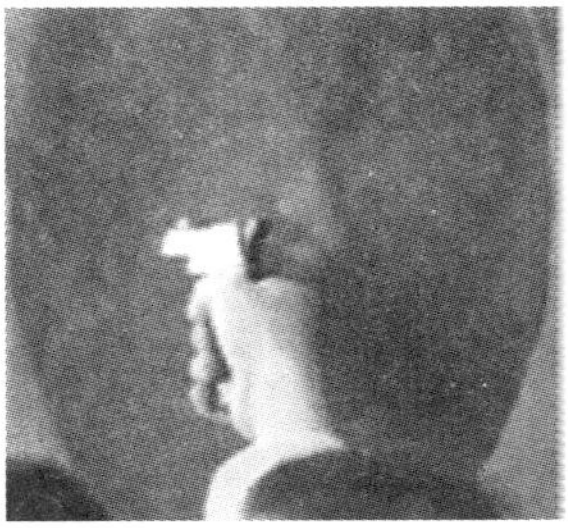

开表后立即坐下，查看秒表走动情况。在计时过程中如发现秒表发生故障，应及时报告计时长处理。

⑤在 100 米以上距离项目的比赛中，运动员在终点一端每次转身前距池端 15 米时，或接力比赛交接棒时，一表和三表计时员应同时起立走到池边，一表计时员计取分段成绩，三表计时员执行转身检查员的职责。二表计时员随后将一表计时员计取的分段成绩填入竞赛卡片。

⑥当本道运动员游到终点前15米时，计时小组三人应同时起立，走到池端（一、二表在出发台右侧，三表在出发台左侧）做好计取成绩的准备。当运动员抵达终点（触壁）后立即按停秒表。

⑦停表后立即返回坐下。三人出示秒表，由二表计时员将成绩填入竞赛卡片（按二表、一表、三表的顺序填写），并确定正式成绩。在记写成绩时，小组长要认真检查，防止记错。

竞赛卡片

<table>
<tr><td colspan="2">赛 别</td><td>预 赛</td><td>半决赛</td><td>决 赛</td></tr>
<tr><td colspan="2">正式成绩</td><td>01:03.48</td><td>: .</td><td>: .</td></tr>
<tr><td colspan="2">名 次</td><td></td><td></td><td></td></tr>
<tr><td colspan="2">组</td><td>3</td><td></td><td></td></tr>
<tr><td colspan="2">道</td><td>4</td><td></td><td></td></tr>
<tr><td rowspan="3">成
绩</td><td>①</td><td>01:03.44</td><td>: .</td><td>: .</td></tr>
<tr><td>②</td><td>01:03.48</td><td>: .</td><td>: .</td></tr>
<tr><td>③</td><td>01:03.50</td><td>: .</td><td>: .</td></tr>
<tr><td rowspan="3">计
时
员</td><td>①</td><td>XXX</td><td></td><td></td></tr>
<tr><td>②</td><td>XXX</td><td></td><td></td></tr>
<tr><td>③</td><td>XXX</td><td></td><td></td></tr>
<tr><td colspan="2">备 注</td><td></td><td></td><td></td></tr>
<tr><td colspan="2">总裁判</td><td></td><td></td><td></td></tr>
</table>

记写成绩要求按标准的8位格式填写，中间及两端的“0”均不能省略，如“01:03.50”。

三名计时员中，有两个以上的秒表所计取的成绩相同时，此成绩应为正式成绩。如三个秒表所计取的成绩都不相同，应以中间的成绩作为正式成绩。

在三个秒表中只有两个正常运行的情况下，应以平均成绩作为正式成绩。平均成绩只取到2位小数。

⑧二表计时员随后立即填写“计时存查表”。其中“误差”栏是填写3块秒表中最差成绩与最优成绩之差。

计时存查表

第 2 场第 4 道　2012 年 01 月 01 日

序号	组别	项目	赛别	组次	成绩			人工计时正式成绩	误差	自动计时成绩	自动人工成绩误差	备注
					一表	二表	三表					
1	女子组	100 米自由泳	预赛	1	01:03.44	01:03.48	01:03.50	01:03.48	0.06			
2												
3												

	共计	全同	误差				个人有效成绩		
			0.01~0.10	0.11~0.20	0.21~0.30	0.30 以上	一表	二表	三表
合计（次）									
%									

计时员：1 表×××　2 表×××　3 表×××

⑨二表计时员随即将登记好的竞赛卡片交一表小组长。小组长检查无误后，在计时长收取卡片时交出。

注：如果比赛采用自动计时装置但同时使用人工计时作为补充时，计时组的人员配备与工作方法与单纯的人工计时相同。但每组赛后的竞赛卡片不用交给总裁判，而是在该场结束后交给编排记录组。如未使用竞赛卡片，则将成绩登记在“计时存查表”上。

5.赛后工作

①每场比赛结束，二表计时员及时做好计时存查的统计工作，然后将计时存查表交副计时长保管。

②每场比赛结束，副计时长及时收齐各泳道秒表，妥善保管。全部比赛结束后，收齐秒表和文具交回有关部门。

③每场比赛结束，计时长均应进行小结，及时发现问题、解决问题，努力提高计时准确性和工作速度，必要时可适当调整计时小组，更换秒表。

④全部比赛结束后，做好本组工作总结。

五、技术检查

技术检查工作是保证比赛公平进行的重要环节。技术检查员必须非常熟悉规则中关于比赛和泳式的各项规定，工作时要求全神贯注，仔细观察，公正准确地作出判断。

1.位置

①技术检查员 4 人，分别位于游泳池两侧靠近召回线处，称为 A、B、C、D 岗。

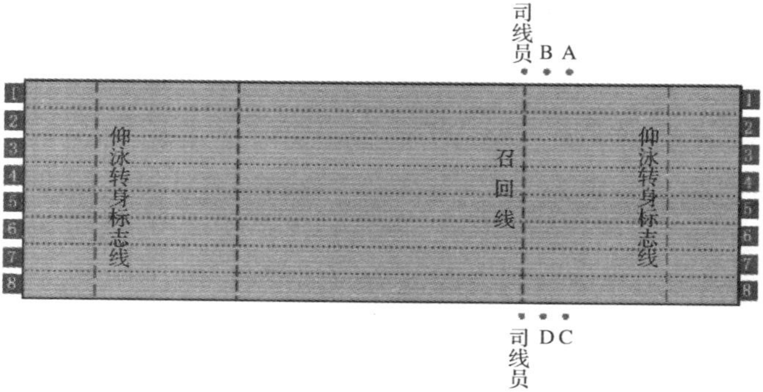

②分工

技术检查员在总裁判的直接领导下进行工作，负责检查运动员游进中的泳式和动作是否符合规则，协助两端转身检查员检查运动员转身、到达终点和接力交接棒的动作是否符合规则。

一般情况下，技术检查员的分工为：

A岗：1、2泳道。B岗：3、4泳道。C岗：7、8泳道。D岗：5、6泳道。

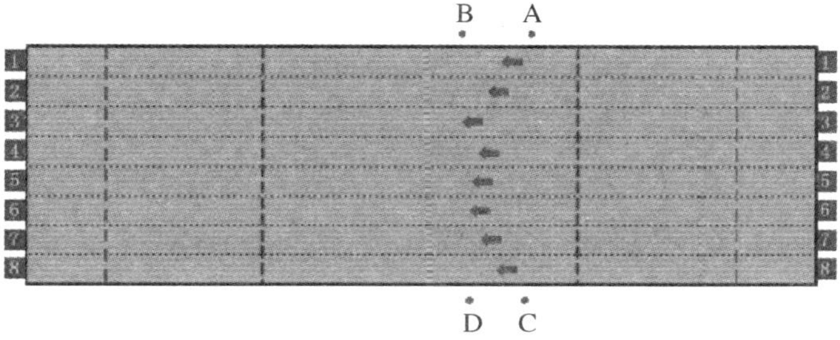

若运动员游进速度相差较大，则同侧的技术检查员，一人观察相对在前的运动员，另一人观察相对在后的运动员。

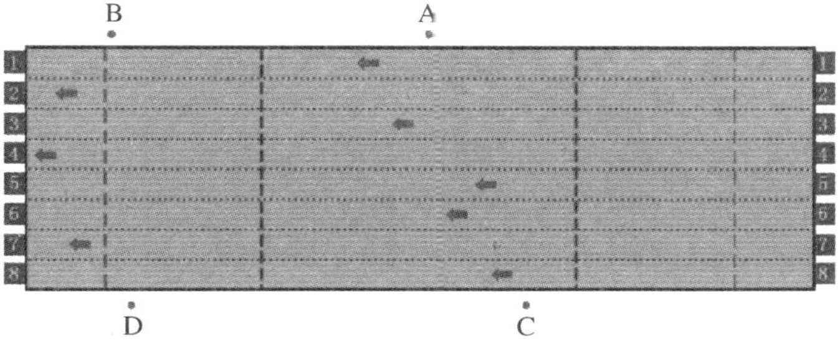

在前行的运动员转身后，两名技术检查员交换观察对象。

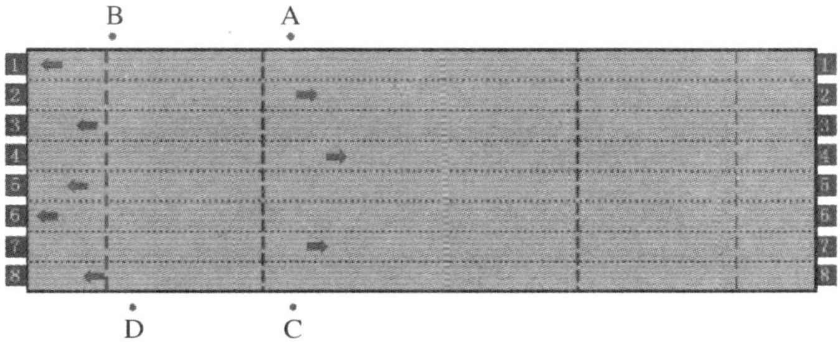

3.赛前准备

①认真学习竞赛规程、竞赛规则和裁判方法，重点理解《规则》中的“技术检查员职责”“比赛和犯规”“各项泳式的比赛规定”等条款。

附录

②明确分工和工作配合要求。

③深入赛前训练现场，了解运动员的技术情况；熟悉各种犯规动作，统一判罚尺度。

④熟悉游泳犯规检查表的格式、内容和填写方法。

⑤领取所需的工作用具和表格。

⑥每场比赛开始前 15 分钟，检查并摆好本组座位。

4.现场工作

①当总裁判发出长哨声信号(仰泳为第一声长哨)时，技术检查员应迅速起立，前往各自的观察位置，准备履行技术检查员的职责。

自由泳：A、C 岗技术检查员到距出发池端 15 米处，B、D 岗技术检查员到距转身池端 15 米处。每人都要观察 4 条泳道的情况。

仰泳、蝶泳：A、C 岗技术检查员到距出发池端 8～10 米处，B、D 岗技术检查员到距出发池端 15 米处。每人都要观察 4 条泳道的情况。

蛙泳：A、B、C、D 岗技术检查员都到距出发池端 8～10 米处。每人按分工观察 2 条泳道的情况。

位于距出发池端 8～10 米处的技术检查员，应注意观察运动员出发入水后的水下动作是否符合规则。

位于距出发池端 15 米处的技术检查员，应注意观察运动员出发后在水下的潜游动作是否超出 15 米。

②比赛进行中，技术检查员按分工认真巡视，检查所负责的泳道运动员的技术动作是否符合规则。

在终点端，A、C 岗技术检查员应巡视到距池端 5 米以内处，协助转身检查员观察运动员转身、接力出发和抵达终点的动作有无犯规；B、D 岗技术检查员应巡视到距池端 15 米处，注意观察运动员转身或接棒运动员出发后头部是否在 15 米之前露出水面。

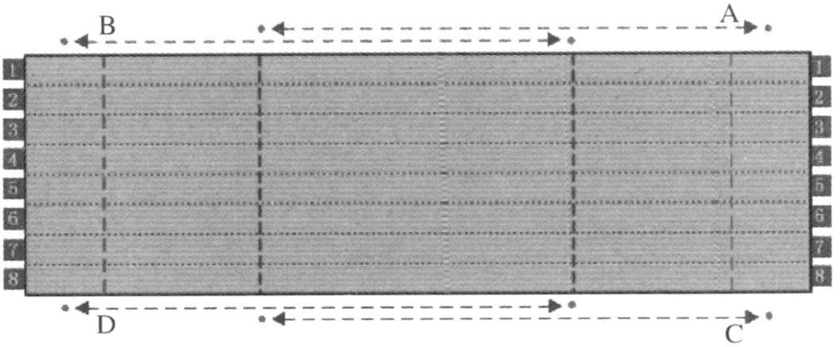

在转身端，B、D 岗技术检查员应巡视到距池端 5 米以内处；A、C 岗技术检查员则巡视到距池端 15 米处。

自由泳比赛时，技术检查员可在游泳池两侧距池端 15 米处，四位定点观察。

混合泳接力比赛时，技术检查员可不到池端观察交接棒情况，按个人项目比赛的要求进行观察。

③每组比赛最后一名运动员抵达终点后，技术检查员应及时向执行总裁判做出是否发现犯规的手势。如有运动员犯规，在出示犯规手势与执行总裁判取得联系后，应立即到执行总裁判处报告详细的犯规情况（哪条泳道运动员、哪段距离、哪个动作、依据哪条规则判犯规）。技术检查员的判定必须明确，不能模棱两可。

执行总裁判在了解情况后，如果判定犯规，技术检查员应迅速填写游泳检查表，签名后及时送交执行总裁判。填写游泳检查表要准确、清楚，一定要将犯规运动员的姓名、泳道、组别、项目和犯规情况

(犯规地点、动作和程度)写清,尽量使用规则中的规范语言来表述。

游泳检查表

第____场　第____项____子组____米____泳____赛

____年____月____日

组次		泳道		姓名		单位	
犯规情况						处理意见	

发令、技术(转身)检查员:________　转身检查长:________　总裁判:________

在大型比赛中,往往事先将各种犯规情况整理编印成游泳检查表。比赛中发现运动员犯规时,只需在相应条款上打个勾并简单填写有关信息即可。这种方法准确、快捷、方便,可以提高工作效率。附:

游泳检查表

场　项　组道　　　　年　月　日

□男 □女	□50m	□400m	□4×50m	□自由泳	□人人混合泳	□预赛
	□100m	□800m	□4×100m	□仰泳	□自由泳接力	□半决赛
年龄组	□200m	□1500m	□4×200m	□蛙泳	□混合泳接力	□决赛
				□蝶泳		□重赛

发令员、技术检查员、转身检查员:________　转身检查长:________　总裁判:________

A.每场比赛结束后,及时做好小结,交流、分析比赛中出现的情况,提高观察判断能力,改善配合方法。

B.全部比赛结束后,做好本组工作总结。

C.及时归还借用的器材。

六、宣告

宣告员在总裁判的直接领导下,及时介绍比赛项目和运动员、代表队,宣布比赛成绩和相关信息。宣告工作不仅起着引导比赛进程的重要作用,在创设比赛氛围、宣传游泳运动、激励运动员创造优异成绩等方面也发挥着重要作用。

宣告员必须口齿清楚，语调饱满热诚。工作时注意力要高度集中，沉着冷静，有条不紊。宣布成绩和相关信息时，要认真查阅，做到准确无误。

1.位置

宣告员席位于总裁判席旁边。

2.分工

根据比赛的规模，宣告员可设1～2人。如设2人，在比赛中可适当分工，如一人负责男子项目宣告，另一人负责女子项目宣告；或一人负责介绍比赛项目和运动员、代表队，另一人负责宣布比赛成绩和相关信息等。

3.赛前准备

①了解大会概况，熟悉规则、规程、日程和具体安排，熟悉参赛优秀运动员和各单位情况，准备好有关的宣传材料，以简练文字制成简况卡片，适时播讲。

②准备好各种情况的广播用语、创纪录贺词，适时播讲，以激发观众热情，活跃赛场气氛，激励运动员创造优异成绩。

③熟悉各种竞赛表格，了解需要播报的各种信息和播报时机，核查运动员姓名的正确读音。

④熟悉音响设备的使用方法，准备必要的音乐资料（主要是裁判员入场、退场的音乐，运动员入场的音乐，长距离比赛的音乐，颁奖的音乐等）。

⑤与竞赛组、总裁判及负责音响设备的工作人员联系，了解裁判员入场、退场及颁奖等的程序和配合方法，形成工作上的默契，做到临

场不乱，保证有条不紊地进行工作。

4.现场工作

①每场赛前1小时到达赛场，认真检查和试用广播器材。

②每场赛前40分钟左右，配合检录组，广播催促有关代表队递交接力棒次表。

③每场赛前15分钟，广播通知在水中做准备活动的运动员起水，退出比赛场地。然后介绍本场比赛项目。

④赛前约5分钟，根据总裁判的手势，用广播引导裁判员入场。

⑤裁判员就位后，介绍本场执行总裁判和发令员。

⑥每组比赛时，根据不同的赛别，采用不同的方法介绍该组项目和运动员(队)。在介绍运动员(队)前，要核实各泳道是否有弃权。

预赛时，每组运动员入场按泳道就座后，根据总裁判的示意，介绍该组项目。待运动员出发后，再按泳道顺序介绍运动员(队)。

决赛时，根据总裁判的示意，先介绍该组项目，并用广播引导运动员入场。待运动员按泳道就座后，再按泳道顺序介绍运动员(队)。

⑦在每组最后一名运动员抵达终点后，如比赛采用人工计时，则按成绩顺序报告前一组成绩。如果该组是决赛，则须播报名次。

⑧如该组运动员创造了新纪录，则应先播报创纪录情况和贺词，再报告成绩。

如比赛采用自动计时装置，但无大显示屏显示成绩，则按成绩顺序报告当组成绩；若有大显示屏显示成绩，则预赛、半决赛不报告成绩，决赛报告当组成绩。

采用自动计时装置时，报告成绩要根据自动计时成绩卡，对照《秩序册》或“竞赛分组表”，准确无误地报告名次、姓名、单位、成绩。

⑨某项预赛、半决赛结束后，及时宣布经总裁判审核的半决赛、决赛名单。

⑩某项预赛、半决赛结束后，如需重赛，则尽快宣布经总裁判审核的重赛名单。

⑪长距离项目比赛中，可穿插介绍游泳知识和比赛进行情况，或播放节奏感较强的音乐，以活跃赛场气氛。如采用人工计时，也可报告上一组的成绩。

⑫举行颁奖仪式时，用广播进行引导。颁奖时的宣告工作，一定要按有关部门赛前制订的程序进行。

⑬每场最后一项比赛结束并宣布所有成绩和半决赛、决赛名单后，根据总裁判的示意，用广播引导裁判员退场。

5.赛后工作

①每场比赛结束后，及时征求总裁判及有关方面的意见，做好小结，不断改进工作。

②注意休息，保护好嗓音，以保证工作的顺利进行。

③全部比赛结束后，做好本组工作总结。

④及时归还借用的器材和音乐资料。

七、自动计时

游泳比赛自动计时，即利用自动计时装置，“出发信号”一发出，即自动启动计时系统，运动员到达终点触壁时，计时自动停止，自动打印（显示）运动员的比赛成绩和名次。自动计时由于能客观、准确、迅速地提供运动员的成绩和名次，比人工计时准确、快捷，因而在现代游泳竞赛中已被普遍采用，成为游泳竞赛中最基本的裁判计时方法。

半自动计时，即利用自动计时装置，“出发信号”发出时自动启动计时系统，运动员到达终点触壁时，由计时员按动按钮停止该泳道的半自动计时运行，记录运动员的比赛成绩。由于开表采用自动计时方法，而停表采用人工方法，所以称为半自动计时。半自动计时是作为自动计时装置失灵时的一种补救。由于计时员按动按钮时，看不到成绩，因此半自动计时也被称为“盲表”。

国际游泳竞赛规则规定，在采用自动计时装置而未使用录像计时系统时，须使用半自动计时装置或人工计时作替补，并配备相应数量的计时员。半自动计时员按动按钮的方法和要求同人工计时的停表方法。

在我国，全国综合性运动会的游泳比赛、全国游泳锦标赛、全国游泳冠军赛和全国短池游泳锦标赛必须采用自动计时。只有自动计时装置和半自动计时装置记录的成绩，方可申请为全国纪录。

自动计时组设自动计时长 1 人，自动计时员 1～2 人，其他计算机、大显示屏操作人员由竞赛部门根据需要配备。

1.位置

自动计时主机位置应在总裁判右边的平行线上（总裁判的位置在第 8 泳道一侧），自动计时长位于主机操作员和总裁判之间。如设有规范的专用控制室，主机应在控制室内。控制室应设在离终点池端 3～5 米处，室内地面比池边高 0.50 米。

2.分工

自动计时长负责领导和分配自动计时员的工作，协调好自动计时、大显示屏、计算机打印系统、视频输出各组操作人员的工作配合。赛前参与检查和调试设备，赛中负责监督自动计时装置的运行情况，收集、处理和提交自动计时装置记录的成绩。

自动计时员在赛前负责安装、调试全部的自动计时设备；比赛中负责操作主机及有关设备，及时向自动计时长提交自动计时装置记录的成绩。

3.赛前准备

①自动计时员同其他操作人员一起，安装自动计时设备，按设备

说明书的技术要求，全面调试，反复检查，确保设备能正常运行。

重点对主机、触板、盲表及接力抢跳判断器的线路、接口、传感器的灵敏度进行检查和测试。触板的不应期，对 50 米分段拟调为 20 秒，对 100 米分段拟调为 40～45 秒。

对设备的所有线路进行安全检查，尽可能合理地铺设线路，尤其注意对终点端的线路要铺盖得当，防止意外影响正常运转。每道 3 块盲表应按序编号。

请发令员配合，对电笛进行调试。

②根据竞赛规则和竞赛规程的要求，对自动计时系统的运行程序及大显示屏的显示内容、格式、顺序进行审核，提出修改意见。

重点内容有：对屏幕显示的每一幅板面信息进行检查、校对（须与秩序册、秩序单校对）。对输入计算机系统的各项纪录进行检查和确认。创（超）纪录后应能自动调整。

③自动计时长统一并协调好主机、计算机、大显示屏等操作人员的工作流程，组织相关人员认真参加赛前实习和联合调试，及时发现问题和解决问题。

④准备好有关工作用具（胶水、小刀等）。

⑤自动计时员按秩序册或秩序单预先填写好各项目的自动计时卡片，以便比赛中粘贴打印出各组的成绩单。

自动计时成绩卡

第____场第____项 ____子____米____泳____赛第____组

贴触板成绩

贴分段成绩

自动计时长________ 总裁判__________

4.现场工作

①每场比赛前一小时，全体自动计时人员应到现场，检查和调试

附录

自动计时装置的所有设备、线路和接口，保证设备正常待用。

②赛前15分钟，运动员起水后，应再作一次检查。主要是检查触板、盲表和电笛。每组比赛前，主机和显示屏应回至待用状态（显示屏显示出0.00，以示准备完毕可以开始一组比赛）。

比赛若备有两台主机，应采用双机运行。可用一台主机重点记录盲表成绩。

③比赛进行中，自动计时员应高度集中注意力，特别是主机操作员应根据比赛项目、距离、泳道分布情况开启和关闭有关线路。自动计时长应全面观察场上赛况和设备运转情况，提醒操作人员规范操作，防止人为的操作失误。特别要注意观察每组运动员转身和到达终点时的触板情况。

④每一组比赛结束，执行总裁判给自动计时长做出无犯规的手势后，自动计时长即通知主机和大显示屏操作员对成绩予以确认。此时大显示屏应切换至成绩确认板。

⑤主机操作员立即打印出成绩单，自动计时员将成绩单粘贴在预先准备好的自动计时成绩卡上，交给自动计时长。自动计时长审核无误后签字。如有大显示屏，则将成绩卡直接传送至编排记录组留存备查（如主机未与成绩处理计算机联网，则编排记录组根据自动计时成绩卡输入计算机编印成绩公告）。如无大显示屏，则应打印2份成绩单，一份交给编排记录组，另一份交给宣告员报告成绩。

⑥如出现犯规，自动计时长应立即通知主机操作员清除犯规泳道的成绩并改换成“DQ”（犯规）符号，然后重新排列名次。有犯规的成绩卡应送交执行总裁判签字确认。

如出现创（超）纪录，成绩卡也要送交执行总裁判签字确认。

⑦每项预赛结束后，大显示屏应尽快显示该项成绩的大排序。特别要注意8、9名（争决赛）和10、11名（争第二替补）是否有成绩相同需要重赛的情况（有半决赛的项目应注意16、17名和18、19名）。如有这种情况，应及时报告执行总裁判。

⑧每组比赛结束后，如有触板失灵或操作失误情况发生，自动计时长应立即向执行总裁判报告情况并按规则规定补入成绩和调整名次，然后重新打印调整后的成绩单并在大显示屏显示。

如无触板成绩和名次，立即从主机中提取盲表成绩补入。如每条泳道未设3个盲表，补入前应核对盲表排列的名次，如无矛盾，补入成绩可以给予确认。如无盲表成绩，应从该泳道人工计封的正式成绩中提取补入。无论提取盲表或人工计时成绩，都应按规则第二章第四条中的正式成绩和名次判定方法处理。自动计时失灵失误情况和处理办法应填入“自动计时技术统计表”，以利总结。

自动计时技术统计表

第____场

项次	项目	组次	道次	失灵失误情况	处理办法	备注

自动计时长____________

应注意的是，预赛或半决赛后，不得因个别泳道自动计时失灵而全部改用人工计时成绩进行大排序。应按各组运动员正式成绩的优、次顺序进行大排序，确定半决赛或决赛人选。正式成绩相同者名次并列。

凡有自动计时成绩的运动员(包括“二次触板”成绩)，均不得用半自动计时或人工计时的成绩替补，除非执行总裁判判定该泳道自动计时装置失灵、故障或该成绩是别人触停的。

⑨接力比赛时，前三棒运动员如在退场过程中触停了其他泳道的触板，应判其犯规，取消该接力队的录取资格。自动计时裁判员要密切注意，出现这种情况时应及时报告执行总裁判。

⑩自动计时装置设有接力出发判断器(F.D.显示)。如果F.D.显示出现负数(—)且其绝对值大于0.03秒(不包括0.03秒)，应判定运动员抢跳犯规。此时，自动计时长应将F.D.显示表交执行总裁判审核签字后按抢跳犯规处理。

要特别注意的是，自动计时长对人工干预的成绩必须反复核对，确保无误(包括纪录的输入和纪录更新的核查)。全部运作过程还要按总裁判对比赛现场指挥的节奏变化予以调整。

5.赛后工作

①每场比赛结束后,全组及时进行小结,对比赛中所发生的问题特别是设备失灵的情况进行认真分析,查明原因,及时修复。如出现人为的操作失误,更要强调集中注意力,规范工作程序,不断提高工作质量,减少差错。

②全部比赛结束后,做好本组工作总结。注意对设备运行情况作一次全面评定,对各环节的配合以及计算机程序提出改进意见。

③及时归还借用的器材。

八、编排

编排工作是保证比赛按计划有条不紊顺利进行的关键环节。编排人员必须认真负责,头脑冷静,有吃苦耐劳的精神,在工作中应始终做到周密、细致、准确、及时。

编排记录组裁判员人数的多少应根据竞赛的规模和需要来确定。一般设编排记录长 1 人,副编排记录长 1～2 人,编排记录员 6～10 人。

1.编排前的准备

①熟悉竞赛规程和竞赛规则

编排记录组开始工作后,首先应当认真学习竞赛规程和大会有关文件,明确各项有关规定,如竞赛项目、参加办法、竞赛办法等。对条款不清、难以理解的问题,应及时向主办单位请示,不得擅自作出决定。同时,要认真学习规则中有关编排的各项规定,了解场地情况,以便依据这些进行具体编排工作。

②审查报名表

审查报名表是一项极其重要的工作,主要是检查各单位的报名是否符合竞赛规程的规定。审核报名表一定要认真细致,坚持原则,发现违反规程或不清楚的地方,应设法及时与有关方面联系,在正式编排前予以解决,不能留有尾巴,以免在比赛开始后造成意想不到的麻烦。

审查报名表主要应注意以下几个方面：

检查运动员的代表资格有无问题；

检查运动员的姓名、性别、出生年月、注册号等是否填写清楚；

检查运动员的年龄分组是否正确无误；有没有重报、混报或错报组别；

检查各单位有没有多报人数；检查运动员有没有多报项数。

③统计各项参加人（队）数

各项参加人（队）数既是编排竞赛分组的依据，又是工作中检查核对的依据。因此，应根据报名表按组别、按项目、按性别进行认真的统计，并仔细核对，保证统计数字准确无误。

各项参加人（队）数统计表（示例）

单位	50 米自由泳		100 米自由泳		……	小计	备注
	男	女	男	女			
北京	3	3	3	3		34	
天津	3	3	2	4		42	
上海	2	3	3	3		38	
重庆	4	2	2	4		36	
山东	1	3	3	3		25	
河北	4	2	2	3		28	
……	……					……	
合计	32	36	24	26		856	

4.统计各单位人数

各单位参加人数是做好比赛会务工作（食宿、交通、材料分发等）的重要依据。应根据报名表按身份、性别分类统计。

各单位人数统计表（示例）

序号	单位	运动员			其他人员							合计
					领队		教练		工作人员		小计	
		男	女	小计	男	女	男	女	男	女		
1	北京	20	16	36	1		3	1	1		6	42
2	天津	18	16	34	1		2	2	1		6	40
3	上海	28	24	52	1		3	2		1	7	59

续表

序号	单位	运动员			其他人员							合计
					领队		教练		工作人员		小计	
		男	女	小计	男	女	男	女	男	女		
4	重庆	14	20	34		1	2	2		1	6	40
5	山东	16	16	32	1		2	1	1		5	37
6	河北	20	12	32		1	2	1		1	5	37
合计		200	180	380	12	4	36	18	11	5	86	466

2.编排竞赛日程

在没有预先排定竞赛日程的情况下，编排记录组应根据实际报名情况编排出竞赛日程。这是一项细致、复杂的工作，需要综合考虑多方面的因素，反复权衡，慎重调整，以使日程编排得合理，有利于运动员技术水平的发挥。

①计算竞赛所需时间

不同距离项目每组比赛所需时间

距离（米）	时间（分）
50、100	3～4
200	5～6
400	8～9
800	13～14
1500	21～23
颁奖	5

竞赛规程一般规定了比赛天数，但还要根据具体情况确定每场的平均时间，算出实际需要进行几场比赛。首先，根据泳道数和统计出的每项参加人数，计算每项有几组预赛、半决赛、决赛。然后，将组数乘以不同距离项目每组比赛所需时间，既得出各项比赛所需时间。

每组比赛所需时间包括运动员游完该项距离的时间和裁判工作的时间，可以根据所举行的竞赛中运动员和裁判员的水平加以调整。

比赛时间统计表(示例)

			50 米自由泳		100 米自由泳		……	400 米个人混合泳		……	小计	场数
			男	女	男	女		男	女			
甲组	预赛	人数	25	34	32	18		22	16			每场约 180 分钟
		组数	4	5	4	3		3	2			
		时间	16	20	16	12		24	16		240	
	半决赛	人数	16	16	16	16						
		组数	2	2	2	2						
		时间	8	8	8	8					160	
	决赛	人数	8	8	8	8		8	8			
		组数	1	1	1	1		1	1			
		时间	4	4	4	4		8	8		80	
……			……								……	
合计											1080	6

将各项所需时间相加得出总时间后，可根据每场预定的时间，算出实际需要的场数。如总时间为 1080 分钟，以每场 180 分钟计，则需进行 6 场比赛。

3.编排方法

①编排原则

编排原则是指在编排过程中应综合考虑的问题，其中心是要有利于运动员创造优异成绩。

A.一般一天只安排两场比赛，上午一场，下午或晚上一场。上午场次安排预赛项目，下午或晚上场次主要安排决赛项目，亦可安排少量的预赛。上午场次时间可稍长，下午或晚上场次时间可稍短，但各场的时间不宜悬殊太大。

B.每场中各种姿势和男、女项目应交错安排；长、短距离项目要兼顾，一般应先短后长。

C.同项的预赛和决赛不要排在同一场，但也不宜间隔太远，最好在同一天内完成。

D.尽量不要把可能有运动员兼项的项目编排在同一场进行。例如，100 米蛙泳不要和 200 米蛙泳安排在同一场；4×100 米混合泳接力不要和四种泳式的短距离项目安排在同一场。

E.一场中如有不同项目的预赛、决赛时，应当先安排决赛，后安排预赛。

F.如规程要求某项为每个运动员的必报项目，可以考虑安排专场进行。

G.在开幕式、闭幕式等重要场次，可考虑安排一些可能创造优异成绩的项目或接力项目，以活跃赛场气氛。

②编排步骤

A.制作项目卡片。卡片长约 10 厘米，宽约 3 厘米，男、女用不同颜色的纸加以区别。在项目卡片上要写明组别、项目、赛别、人数、组数和所需时间。每一项目的每一赛次(预赛、半决赛、决赛)各写一张，不可遗漏。

男子组	100 米自由泳	预赛
30 人	4 组	16 分

B.排列项目卡片。项目卡片全部写好后，根据前述编排原则，将卡片一张一张排到各场中去，边排边注意调整好每场中各项的先后顺序，直至把所有的卡片都排完为止。可按组别，排完一组，再排另一组。

C.调整项目卡片。初步排出竞赛日程之后要进行认真的检查。发现有不合理之处时，要全面考虑，谨慎地进行调整。特别注意不要漏排了项目，不要把同一项目预赛、半决赛、决赛的顺序排颠倒了，并注意使各场的时间大体上相同。所有项目都确定下来后，即可按场次、项次编制成竞赛日程表。

竞赛日程表(范例)

第 1 场

2012.03.02　　09:00.00

1.男子组 400 米个人混合泳	预赛	50 人	7 组	09:00.00
2.女子组 400 米个人混合泳	预赛	44 人	6 组	09:42.00
3.男子组 100 米蝶泳	预赛	39 人	5 组	10:18.00
4.女子组 200 米蝶泳	预赛	39 人	5 组	10:33.00
5.男子组 200 米自由泳	预赛	40 人	5 组	10:53.00
6.女子组 100 米自由泳	预赛	58 人	8 组	11:13.00

第2场

2012.03.02　　14:00.00

……

4.编排竞赛分组

①分组原则

A.只有一组时,其赛次应为决赛。

B.两组或三组时,报名成绩最好的运动员或接力队应编排在最后一组,次好的编排在倒数第二组。从最后一组编到第一组后,再以同样的方法编排每个组的第二个运动员或接力队。以此类推,把所有运动员或接力队编到各组中去。

C.超过三组时,报名成绩最好的24名运动员或接力队按上述方法编到最后三组中,其余的按报名成绩顺序编满倒数第四组。如果还有剩,再编满倒数第五组。以此类推。

D.两组或两组以上的任何预赛组内至少应有三名运动员或接力队。

E.不得将不同项目、不同距离、不同性别的运动员混合编组。

F.没有填报名成绩的,作为成绩最差的安排比赛次序。若这样的运动员(接力队)超过1人(队)时,应以抽签方法决定其先后次序。

5.编排模式

①分组决赛

比赛如果采用无预赛的"分组决赛"模式,则按报名成绩顺序,将成绩最好的运动员或接力队编满最后一组;所剩运动员或接力队,按其成绩顺序编满倒数第二组。以此类推,将所有运动员编排完毕。

②预赛—决赛

比赛如果采用"预赛—决赛"模式,则按报名成绩顺序,根据上述分组原则编排预赛。

取预赛前8名编排决赛。

③预赛—半决赛—决赛

比赛如果采用"预赛—半决赛—决赛"模式,则按报名成绩顺序,根据上述分组原则编排预赛。

取预赛前 16 名编半决赛：将成绩第一的运动员或接力队编排在第二组；成绩第二者编排在第一组；成绩第三者编排在第二组；成绩第四者编排在第一组。以此类推，把所有参加半决赛的运动员或接力队编到两组中。取半决赛前 8 名编排决赛。

④预赛—决赛 A、B 组

比赛如果采用“预赛—决赛 A、B 组”模式，则按报名成绩顺序，根据上述分组原则编排预赛。

预赛后，将预赛成绩排列 9～16 名者编入决赛 B 组（第一组），将预赛成绩排列 1～8 名者编入决赛 A 组（第二组）。A 组运动员争前 8 名，B 组运动员争 9～16 名。

⑤预赛（分组决赛）—决赛

比赛如果采用“预赛（分组决赛）—决赛”模式，则按 1 模式编排预赛。取预赛前 8 名编排决赛。

⑥决赛慢组—决赛快组

比赛如果采用无预赛的“决赛慢组—决赛快组”模式（在某些比赛的长距离项目中采用），则按报名成绩顺序，将成绩最好的运动员编满决赛快组（1 组）；所剩运动员全部安排在决赛慢组（可多组），按 1 模式编排。决赛慢组和决赛快组在不同时段进行，两大组合并录取名次。

6.泳道安排方法

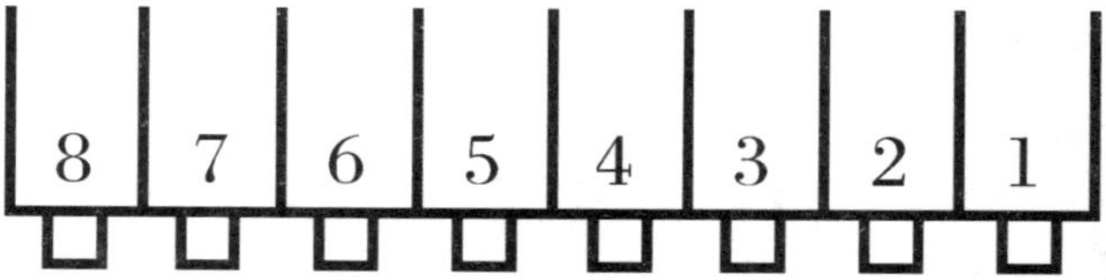

在设有 8 条泳道的游泳池比赛时，编在同一组内的运动员应根据其报名成绩的优次顺序依次安排在 4、5、3、6、2、7、1、8 泳道上。也就是成绩最好者安排在第 4 泳道，然后由中间向两边依次安排。

7.编排步骤

①填写竞赛卡片

按报名表填写竞赛卡片。每人每项填一张，接力每队填一张。男、女应使用不同颜色的卡片加以区别。卡片上的各项内容要填写清楚，不可遗漏或错填。

竞赛卡片

组 别	男子甲组	项 目	100 米蛙泳
姓 名	李大为	单 位	福州
报名成绩	01:02.36	纪 录	
赛 别	预 赛	半决赛	决 赛
正式成绩	: .	: .	: .
名 次			
组			
道			
成绩 ①	: .	: .	: .
成绩 ②	: .	: .	: .
成绩 ③	: .	: .	: .
计时员 ①			
计时员 ②			
计时员 ③			
备 注			
总裁判			

分 段 成 绩

100 米	: .	: .
200 米	: .	: .
300 米	: .	: .
400 米	: .	: .
500 米	: .	: .
600 米	: .	: .
700 米	: .	: .
800 米	: .	: .
900 米	: .	: .
1000 米	: .	: .

续表

1100 米	: .	: .
1200 米	: .	: .
1300 米	: .	: .
1400 米	: .	: .

接 力 名 单

	预 赛	半 决 赛	决 赛
1			
2			
3			
4			

卡片填好后按项目归类，必要时填入该项的纪录。然后，与各项参加人数的统计数字核对，每项有多少人参加比赛，就应有多少张卡片。最后，将卡片按报名成绩的优次顺序整理好。

②排列竞赛卡片

竞赛卡片填写整理好后，即可根据分组方法和泳道安排方法把每一项的卡片排列起来。

若用数字表示按报名成绩的优次顺序排列的竞赛卡片。

③填入组次和泳道号

组 别	男子甲组	项 目	100 米蛙泳
姓 名	李大为	单 位	福州
报名成绩	01:02.36	纪 录	
赛 别	预 赛	半决赛	决 赛
正式成绩	: .	: .	: .
名 次			
组			

续表

组 别		男子甲组	项 目	100 米蛙泳
道		4		
成绩	①	: .	: .	: .
	②	: .	: .	: .
	③	: .	: .	: .
计时员	①			
	②			
	③			
备 注				
总裁判				

卡片排列好后，即将相应的组次和泳道号填入每一张卡片。然后，按组次和泳道顺序把卡片一组一组整理好。

④编制竞赛分组表

一个项目的分组分道完成后，即可根据该项目各组的竞赛卡片编制该项分组分道表。

简化格式：

4.女子组　200 米蛙泳　预赛　25 人　4 组　2012.07.10　14:10:20

泳道	1	2	3	4	5	6	7	8
1 组				张继凤	徐维蔚	赵瑾		
				南京	南京	太原		
2 组		王然迪	张丹	罗男	张鑫	谭静雯	刘佳	
		大连	深圳	大连	淄博	广州	珠海	
3 组	王建茹	马晨菲	潘敦一	齐晖	孟朦	陈慧佳	季丽萍	刘臻
	温州	济南	太原	福州	淄博	温州	上海	北京
4 组	刘淑元	刘晓宇	刘建	罗雪娟	孙晔	李杰	龚嫣	魏纯
	广州	沈阳	保定	杭州	上海	济南	上海	南京

标准格式：

4.女子组　200 米蛙泳　预赛　25 人　4 组　2012.07.10　14:10:20

续表

组次	泳道	姓名	单位	出生年	报名成绩	备注
		张继凤	南京	1984		
		徐维蔚	南京	1982		
		赵瑾	太原	1982		
		王然迪	大连	1981		
		张丹	深圳	1985		
		罗男	大连	1983		
		张鑫	淄博	1984		
		谭静雯	广州	1984		
		刘佳	珠海	1985		

所有项目都编好后，按竞赛日程的场、项顺序整理成完整的竞赛分组表。最后，将所有竞赛卡片按场、项的顺序整理好，由专人保管，在每场赛前交给检录长。

8.编印秩序册

①秩序册的内容

A.封面

B.目录

C.竞赛规程及有关文件

D.组织委员会及办事机构人员名单

E.仲裁委员会名单

F.裁判员名单

G.各代表队名单

H.大会日程

I.竞赛日程

J.竞赛分组表

K.代表队人数统计表

L.有关纪录表

M.场地平面图

②秩序册的编排方法

指定专人分别准备好上述有关材料（大部分内容由大会办公室、

竞赛组等相关部门提供），按顺序汇集整理成完整的《秩序册》，经大会负责人审阅后，即可付印。

基层小型比赛可能并不需要内容完备的《秩序册》，可以只印竞赛日程和竞赛分组表，甚至只印竞赛分组表即可。

国际比赛的惯例是，《秩序册》不含竞赛分组表。而是等代表队报到后召开裁判长、教练员联席会议时，进行报名表的确认，此时仍允许已报名的运动员改项或相互替代。报名表经确认签名后，编排组再正式编排竞赛分组表，并在赛前将印制好的竞赛分组表分发给各代表队、裁判员和有关部门。

9.总裁判

总裁判在大会组织委员会的领导下，对裁判工作负全面责任，根据规程、规则和大会有关决议，解决比赛中的有关问题。可设副总裁判 1～2 人，协助总裁判领导裁判工作。

①位置

游泳比赛时，总裁判席一般设在靠第 8 泳道一侧的游泳池边离出发端 8～10 米处。但有些比赛，由于场地、电源线路、池边空间等原因，总裁判席也可设在靠第 1 泳道一侧。如采用自动计时，总裁判席应设在自动计时控制室一侧。

②分工

在总裁判和副总裁判中，通常每场安排 2 人轮流担任执行总裁判工作，负责组织该场比赛并全权处理比赛中出现的各种问题。2 人可以按性别分工，一人担任男子项目的执行总裁判，一人担任女子项目的执行总裁判。当一人执裁时，另一人则为助理执裁。两人要密切配合，相互支持。

现场工作时，通常由男子项目的执行总裁判负责召开该场赛前裁判员准备会，并组织裁判员的入场、退场。

当只采用人工计时时，通常还要安排一人（后台总裁判）协助审核成绩等。

③赛前准备

A.学习和了解情况

·认真学习竞赛规程、竞赛规则和大会有关文件，了解大会概况和组织机构，明确大会对裁判工作的要求。

·了解报名情况，对运动会规模做到心中有数；了解编排和秩序册的编印情况。

B.召开或参加有关会议

·召开正、副总裁判预备会，明确正、副总裁判的分工；根据大会日程，制订裁判组学习、实习工作计划；根据裁判员的业务水平和工作需要，分配全体裁判员的工作；讨论决定总裁判、教练员联席会议要明确的问题，编写“比赛有关问题的说明”。

·召开裁判长会议（技术检查员全部参加，发令员和宣告员指定一负责人参加），使各裁判长了解大会情况及自己的职责，对各组工作预先做好准备。

C.参加由竞赛处组织的总裁判、教练员联席会议，提出本次大会执行规则、裁判法及有关问题的说明。

编排记录长要列席总裁判、教练员联席会议，说明和处理有关报名的各种问题。

④检查场地器材设备

总裁判须与大会有关领导一起，带领各组裁判长检查场地、器材和设备，明确赛场功能布局。如采用自动计时装置，还应指定专人负责检查。大型竞赛还要求大会提供比赛池长证明。

⑤组织裁判学习

A.召开全体裁判员动员会，讲清比赛的性质、任务、特点，提出裁判工作要求，宣布裁判分工，讲清裁判工作流程，提出学习、实习计划，使全体裁判员明确自己的职责、任务和工作程序。

B.组织好赛前的裁判学习。总裁判和副总裁判要按分工深入各裁判组，了解赛前学习情况，解释有关规则、裁判方法的问题。

C.组织好裁判实习。实习内容应包括裁判员进场、若干组不同项目的比赛、颁奖、裁判员退场等必要的过程。通过全面实习，使裁判员进一步熟悉比赛流程，检查各裁判组和各部门的工作是否符合竞赛要求，对存在问题要及时解决，为正式比赛做好充分的准备。

⑥赛前

A.执行总裁判每场赛前 1 小时到达赛场，检查赛前各项工作。重点检查场地、自动计时、检录和宣告的赛前准备工作。

了解各队交接力棒次表的情况，必要时提醒宣告员通过广播催促各单位迅速递交接力棒次表。

受理单项比赛分段成绩的创纪录申请。如果同意，则在代表队递交的“分段成绩创纪录申请表”上签注意见并签名，然后将申请表转交检录组。如果采用自动计时，则还须将“分段成绩创纪录申请表”复印一份交自动计时长。

分段成绩创纪录申请表

________队运动员________在____子____组______米________泳______赛中前________米申请创__________的纪录。

申请人：__________

________年________月________日

总裁判意见：

签名：____________

________年______月______日

第____场第____项第____组第____道

表号	计时员	竞赛成绩	决定成绩	备注
①		：.	：.	
②		：.		
③		：.		

B.赛前 30 分钟，召开全体裁判员准备会。由上一场执行总裁判

附录

小结上一场情况，由本场执行总裁判提出本场工作要求。

各裁判组随后可分开，由裁判长布置本组有关事宜，做好各自的赛前准备。

⑦入场

A.赛前 10 分钟，召集全体入场裁判员（执行总裁判、发令员、技术检查员、转身检查长、转身检查员、计时组、终点组、司线员）在指定地点按预定队形集合，准备入场。

B.赛前 3～5 分钟，向宣告员示意，在宣告员宣布“……第×场比赛现在开始，请裁判员入场”并播放入场音乐后，带领裁判员入场，使其在各自岗位前站好。

C.宣告员介绍本场比赛执行总裁判和发令员后，执行总裁判用手势示意全体裁判员就座。

各裁判组的位置如下图所示。

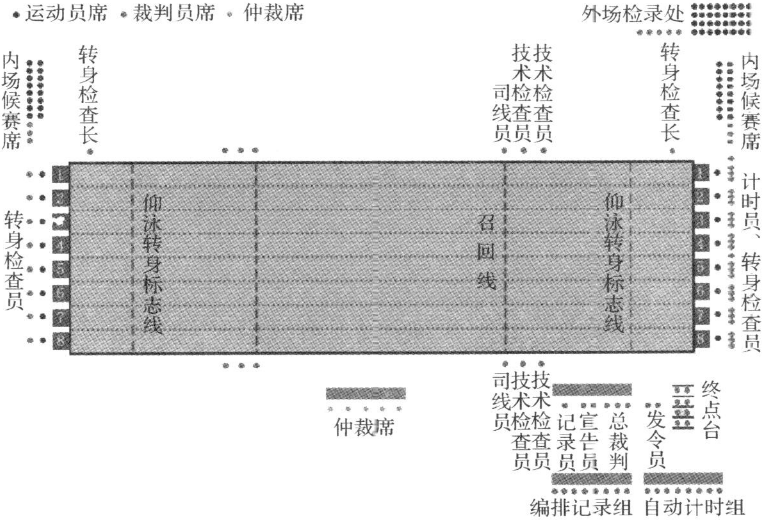

⑧赛中

A.执裁

A-1.各项准备工作均已就绪，每场的第一项（组）比赛准备开始时，如果是预赛，执行总裁判先示意内场检录员带领运动员入场，然后示意宣告员宣布“现在进行第___项______组______米______泳预赛第____组”。后续各组比赛，内场检录员按规定程序带运动员进场。

附录

每项(组)决赛开始时,执行总裁判先示意宣告员宣布“现在进行第____项______组_____米____泳决赛(第____组)”并播放运动员入场音乐,内场检录员随即带领运动员进场,宣告员再介绍运动员或运动队。

A-2.每组比赛开始时,执行总裁判站立池边,先用连续短促哨声示意运动员脱外衣,然后用长哨声示意运动员站到各自的出发台上。两次哨声要有明显的区别。此时,执行总裁判要密切注意运动员上出发台的情况,看是否有故意延误比赛、蓄意不服从命令等情况,并注意是否有上错道、缺人等情况(要预先记住该组的空泳道和弃权泳道)。

仰泳项目和混合泳接力项目,执行总裁判发出第一声长哨时运动员应立即下水;执行总裁判随后发出第二声长哨,此时运动员应迅速游回池端做好出发准备。

A-3.当所有运动员和裁判员都做好出发准备时，执行总裁判用向外伸展的手臂动作通知发令员，以示所有运动员已准备完毕，请发令员组织出发。发令结束后执行总裁判再收回手势。

执行总裁判在发出长哨声(仰泳比赛为第二声长哨)后，应放下口哨，不要手持口哨靠近嘴边，更不要嘴含口哨，以免误吹召回哨。

A-4.在发令员发令时，执行总裁判应认真观察，准确判断运动员是否有抢跳犯规。

A-5.在比赛进行中，执行总裁判应注意观察比赛的全程，及时处理比赛中出现的各种问题。例如，要注意观察运动员游进中的动作是否犯规；转身和抵达终点的动作是否犯规；接力比赛交接棒时出发运动员是否犯规等。

执行总裁判还要注意观察每组运动员抵达终点的名次，尤其是竞争激烈时的名次，以作为处理计时与终点交叉时最后判定的依据。

A-6.每组比赛最后一名运动员抵达终点后，执行总裁判应用手势与技术检查员和转身检查长联系（顺序为：同侧技术检查员——转身端转身检查长——对侧技术检查员——终点端转身检查长），了解是否有犯规。

如果没有犯规报告，应给后台总裁判（和自动计时长）一个确认成绩的手势。

如果有犯规报告，应先通知后台总裁判（和自动计时长），然后迅速向有关裁判员了解犯规情况。执行总裁判应当根据本人的观察或发令员、检查员的报告，判定运动员是否犯规。如判定运动员犯规，应在检查表及竞赛卡片上写上处理意见并签名。

A-7.每组比赛结束，执行总裁判要审核计时长和终点长交来的竞赛卡片和终点名次报告表，并在竞赛卡片上签名。然后将竞赛卡片交给宣告员宣布成绩。如果采用自动计时，则审核自动计时长交来的“自动计时成绩卡”并在其上签名。（此项工作可委托后台总裁判负责）

如果计时成绩顺序与终点名次不一致，执行总裁判应做出以终点为准或以计时为准的判定。若判定以计时成绩为准，则修改终点名次并签名。若判定以终点名次为准，则将交叉的成绩相加后平均，作为各自的正式成绩，将原决定成绩划去，写上新的决定成绩并签名。

A-8.每项预赛、半决赛结束，执行总裁判要审核由编排记录组呈送来的半决赛、决赛或重赛名单，然后交宣告员宣布。（此项工作可委托后台总裁判负责）

A-9.每项半决赛、决赛开始前，执行总裁判如收到检录组报送来的弃权报告单和替补名单，应迅速审核，并交给编排记录长重新编排。

B.助理执裁

协助执裁位于执裁对侧靠终点端的池边，协助执行总裁判组织好本项比赛。

B-1.每项、每组比赛开始前，检查与核对上泳道运动员。

B-2.每组比赛出发时，协助观察运动员出发有无抢跳犯规。重点观察 5～8 道的运动员的情况。

B-3.协助执裁观察本侧 4 条泳道运动员游进、转身、抵达终点、接力交接棒的动作是否犯规。

B-4.如有 A、B 岗(5～8 道)技术检查员和两端转身检查长报告有运动员犯规时,及时前往了解情况,然后报告本项执裁。

B-5.长距离自由泳项目比赛开始前,提醒终点端转身检查长准备好铃铛。

B-6.仰泳、个人混合泳及混合泳接力项目比赛的前、后,提醒终点端转身检查长安排好挂、撤仰泳转身标志线的工作。

B-7.50 米项目的比赛,运动员的游速快,每组比赛时间短。此时,执裁负责出发端工作,助理执裁站于执裁同侧池边离终点 5～10 米处,负责终点端工作(包括与自动计时长的联系)。两人密切配合,避免频繁地来回走动。

⑨退场

一场比赛各项全部结束时,执行总裁判站立池边,先示意宣告员宣布"……第×场比赛结束,请裁判员退场",然后以手势示意全体裁判员起立转向入场的反方向,在播放退场音乐时,自动按入场的相反顺序退场。

⑩赛后工作

A.每场比赛结束,布置各组小结,召开裁判长汇报会,及时交流情况,研究工作中的问题并提出改进意见。全部比赛结束后,做裁判组工作总结。

B.签发比赛成绩证明单。

C.为裁判员证书签名。

D.督促编排记录组及时完成《成绩册》的编制,审核成绩册并签名。

E.全部比赛结束后,做好裁判组工作总结。对重大比赛,需完成裁判工作书面总结,并及时将"游泳竞赛裁判工作总结表"上报主办单位。

附：

游泳竞赛判断工作总结表

竞赛名称：________________

竞赛地点：________________

主办单位：________________

承办单位：________________

竞赛日期：________________

国家体育总局游泳运动管理中心制

第一图

<table>
<tr><td rowspan="4">裁判员基本情况</td><td colspan="2">总裁判</td><td colspan="6"></td></tr>
<tr><td colspan="2">副总裁判</td><td colspan="6"></td></tr>
<tr><td colspan="2">裁判员人数</td><td>总人数</td><td></td><td>外地</td><td></td><td>本地</td><td></td></tr>
<tr><td colspan="2">裁判员等级</td><td>国际级</td><td></td><td>国家级</td><td></td><td>一、二级</td><td></td></tr>
<tr><td rowspan="10">竞赛基本情况</td><td colspan="2">参赛人数名称</td><td colspan="6"></td></tr>
<tr><td colspan="2">参赛人数</td><td>男</td><td></td><td>女</td><td></td><td>合计</td><td></td></tr>
<tr><td colspan="2">比赛天数</td><td colspan="2"></td><td colspan="2">比赛场数</td><td colspan="2"></td></tr>
<tr><td colspan="2">比赛池长</td><td colspan="6">□50米　　□25米</td></tr>
<tr><td colspan="2" rowspan="2">超、创纪录统计</td><td colspan="2">世界纪录</td><td>亚洲纪录</td><td colspan="2">全国纪录</td><td>省、市纪录</td></tr>
<tr><td colspan="2"></td><td></td><td colspan="2"></td><td></td></tr>
<tr><td rowspan="4">团体总分</td><td rowspan="2">男子</td><td colspan="2">第一名</td><td>第二名</td><td colspan="3">第三名</td></tr>
<tr><td colspan="2"></td><td></td><td colspan="3"></td></tr>
<tr><td rowspan="2">女子</td><td colspan="2">第一名</td><td>第二名</td><td colspan="3">第三名</td></tr>
<tr><td colspan="2"></td><td></td><td colspan="3"></td></tr>
</table>

第二图

裁判工作基本情况及特点	

第三图

执行裁判方法上有何创新	
存在的问题和建议	

第四图

计时设备	自动计时设备名称	是否自动计时	人工计时每泳道人数	是否设有终点裁判
判罚犯规次数				
	出发犯规	途中游犯规	转身和终点犯规	其他

注：全国性比赛不统计省、市破纪录情况

10.**发令**

发令工作主要是为运动员提供一个良好的出发环境，以保证公平、公正地开始各项比赛。

发令员应有稳定的心理素质，较高的观察、判断和控制能力，工作中要做到准确、果断。根据比赛的规模，可设发令员 1～2 人。

①位置

发令员应站在发令台上发令。发令台位于游泳池的侧面离出发池端 5 米以内处。发令员发令时要能全面观察到 8 条泳道的运动员，能使运动员和计时员听到或看到发令信号。

发令员可以位于总裁判同侧，也可以位于总裁判的对侧。但若采用自动计时装置，发令员应位于总裁判的同侧，以方便工作联系。

②分工

如设 2 名发令员，则可一人担任男子项目的发令，另一人担任女子项目的发令。

比赛中，担任该项发令的即执行发令员，非该项发令的即为助理发令员。

③赛前准备

A.认真学习规则，深入研究执行发令的要领，统一发令方法和出发犯规判罚尺度。

B.熟悉比赛场地的情况，准备好发令器材（发令枪、子弹、口哨、电笛、烟屏、发令台等）和维护工具，反复练习，熟悉使用方法。

如果使用自动计时装置，应与自动计时组密切配合进行设备调试。如果同时配备了出发指示灯，应确保计时员可以清晰地看到指示灯的显示。

C.与人工计时组密切配合进行裁判实习，使计时员熟悉发令员的口令，掌握好开、停表技术。

D.采用自动计时装置时，每场赛前 30 分钟，要对电笛进行必要的检查。如果自动计时装置采用无线装置的发令枪，必须检查所配备的信号转换器，确保设施正常可用。

④现场工作

A.执行发令

·每组比赛开始，当总裁判吹连续短促哨声示意运动员脱外衣时，发令员即上发令台做好发令准备。

·当总裁判发出长哨声时（仰泳为第二声长哨声），发令员应观察所有运动员是否在出发台上或在水中做好出发准备，并注意总裁判的手势。

·当总裁判做出向外伸展手臂的示意动作后，发令员即开始组织出发。在所有运动员都做好出发准备时，即用清晰、平稳的声音发出“各就位”的口令。

当所有运动员都处于静止状态时，发令员立即发出“出发信号”——鸣枪或按动电笛。

· 如有运动员在“出发信号”发出前出发，发令员应立即用短促、连续、响亮的哨声将运动员召回，并将犯规情况报告总裁判，由总裁判取消抢码运动员比赛资格后再重新组织出发。

如“出发信号”已经发出，但发现有运动员抢跳，则不再召回，继续比赛，只是应将抢跳情况报告总裁判，由总裁判决定在该组比赛结束后取消犯规运动员的录取资格。

有几名运动员在出发时抢跳，就应取消几名运动员的比赛资格或录取资格。

· 如果发现运动员延误比赛、蓄意不服从命令或在出发时有任何犯规行为，发令员应鸣哨中止比赛并立即向总裁判报告，待总裁判处理后再行发令。

· 比赛进行中，如果发现在所有参加比赛的运动员还未游完全程之前，有未参加比赛的运动员下水，或在接力比赛中各队所有运动员还未游完之前，除了应游该棒的运动员外，有其他接力队员进入水中，应立即核实该运动员姓名、单位，并向总裁判报告，由总裁判按规则的规定进行处理。

B.助理发令

助理发令员应协助执行发令员观察运动员出发的情况，核实抢跳运动员及其泳道。如总裁判判定运动员犯规，助理发令员应迅速填写检查表交总裁判。

助理发令员还应协同填写“发令正、误及运动员犯规统计表”。

发令正、误及运动员犯规统计表

第____场____年____月____日

号	组别	项目	赛别	组次	泳道	及时	过早	过迟	故障	犯规运动员			执行发令员
										姓名	单位	犯规情况	

⑤赛后工作

A.每场比赛结束后，及时做好小结，重点分析发令正误情况及判罚情况，不断提高发令水平。

B.全部比赛结束后，做好本组工作总结。

C.及时归还借用的器材。

11.终点

终点裁判的工作是准确地判定每组比赛的名次。如比赛设终点裁判，可以采用跟随观察法或传统观察法。

①位置

终点裁判台呈梯形，外侧位于总裁判同侧的终点延长线上，前沿距池边约 2 米。

终点裁判长坐在台偏下梯座的右侧，副终点裁判长坐在终点裁判长的左侧。其他终点裁判员按分工顺序坐在终点裁判长后的梯座上。要保证终点裁判员在比赛中清楚地看到整个游程和运动员抵达终点的情况。

②分工

A.跟随观察法

跟随观察法所需裁判员人数较少，裁判员的工作负担较轻，每位裁判员的任务明确，简单易学，有利于提高判断的准确性。采用跟随观察法时，终点组设终点裁判长 1 人，副终点裁判长 1 人，终点裁判员 6 人，分别称为 A、B、C、D、E、F 岗。其分工如下表所示。

终点裁判分工表

岗　位	职　　　责
终点裁判长	全面观察运动员抵达终点的情况，综合各岗裁判员的判断，确定各组比赛的名次。
副终点裁判长	全面观察运动员抵达终点的情况，尤其注意比较接近的名次，供终点裁判长综合名次时作为校正之参考。
A　岗	判定基础名次，即 1～4 道运动员抵达终点的相对顺序。
B　岗	判定核对名次，即 5～8 道运动员抵达终点的相对顺序。
C　岗	判定 5×，即 1～4 道中哪一道运动员紧跟在第 5 道运动员之后抵达终点。
D　岗	判定 6×，即 1～4 道中哪一道运动员紧跟在第 6 道运动员之后抵达终点。
E　岗	判定 7×，即 1～4 道中哪一道运动员紧跟在第 7 道运动员之后抵达终点。
F　岗	判定 8×，即 1～4 道中哪一道运动员紧跟在第 8 道运动员之后抵达终点。

B.传统观察法

采用传统观察法时，终点组设终点裁判长 1 人，副终点裁判长 1 人，终点裁判员 9 人，分成 3 个小组。其主看和兼看名次如下表所示。

组	裁判员	方法一		方法二	
		主看名次	兼看名次	主看名次	兼看名次
1	①小组长	1、2、3、4	5、6、7、8	1、2、3、4	5
	②	1、2、3、4	5、6、7、8	1、2	3、4
	③	1、2、3、4	5、6、7、8	3、4	1、2
2	①小组长	5、6、7、8	1、2、3、4	5、6、7、8	4
	②	5、6、7、8	1、2、3、4	5、6	7、8
	③	5、6、7、8	1、2、3、4	7、8	5、6
3	①小组长	3、4、5、6	1、2、7、8	3、4、5、6	2
	②	3、4、5、6	1、2、7、8	3、4	5、6
	③	3、4、5、6	1、2、7、8	5、6	3、4

续表

组	裁判员	方法一		方法二	
		主看名次	兼看名次	主看名次	兼看名次
副终点裁判长		1、2、3、4、5、6、7、8		1、2、3、4、5、6、7、8	
终点裁判长		1、2、3、4、5、6、7、8		1、2、3、4、5、6、7、8	

③赛前

A.熟悉场地和设备，准备必要的工作用具和表格。

B.做好终点裁判员的分工，确定比赛中使用的观察方法，反复练习，做到熟练观察和准确判断名次。

④现场工作

A.跟随观察法

·运动员上泳道就座，宣告员介绍运动员时，终点裁判员应全面了解运动员的情况，明确哪几道是空道，着重注意本人分工负责泳道的情况。

·运动员出发后，终点裁判员要观察运动员游进的情况。当运动员最后一次转身后，应集中注意力观察、默记自己分工负责的泳道的名次。当运动员离终点最后 5 米时，应有一个初步的名次概念，并继续跟随观察，根据运动员抵达终点的情况调整并最终确定自己分工负责的泳道的名次。

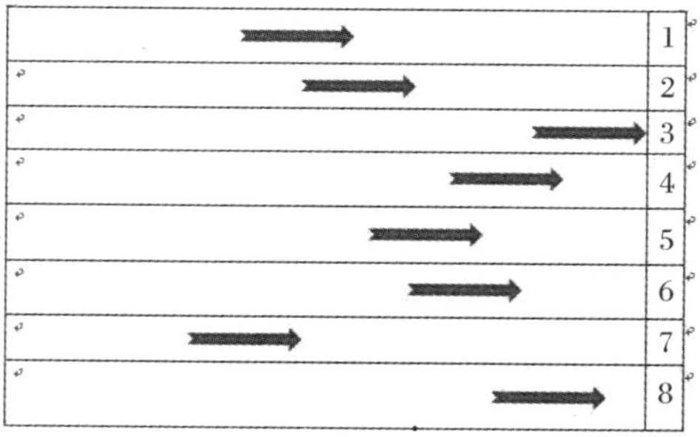

运动员若以上图所示的先后顺序到达终点，各岗的判定结果应为：A岗——3、4、2、1；B岗——8、6、5、7；C岗——5、2；D岗——6、2；E岗——7、0；F岗——8、4。

在中、长距离项目比赛时，终点裁判员应注意记录和核对所分工负责泳道运动员游的趟数，以防出错。

·运动员抵达终点后，终点裁判员立即将自己的判定结果填入“终点存查表”。

终点存查表

2012年01月01日　　　　第3场　　　　A岗裁判员：×××

序号	组别	项目	赛别	组次	判断记录	决定名次	误差情况
1	女子	100米自由泳	预赛	1	3421		
2	女子	100米自由泳	预赛	2	4213		
	……						

·终点裁判员随即按A、B、C、D、E、F岗的顺序将各人的判定结果报给终点裁判长。

·终点裁判长首先在“终点综合名次登记表”的基础名次栏内记下A岗的判定结果。然后在核对名次栏内记下B岗的判定结果。接着，根据C、D、E、F岗所报的判定结果在插入记录栏内的相应位置处填入泳道号。最后，按从左到右的顺序排定综合名次。若在基础名次的某个位置处插入了两个以上泳道号，则应根据核对名次来决定它们的先后顺序。

终点综合名次登记表

第3场　女子　100米　自由泳　预赛　　　　第1组

基础名次　A岗		3　4　2　1	误差记录
插入记录	C岗	5	
	D岗	6	
	E岗	7	
	F岗	8	
核对名次　B岗		8　6　5　7	
终点综合名次		3　8　4　6　5　2　1　7	
人工计时名次			
自动计时名次			

·终点裁判长排定综合名次后，即与副终点裁判长核对，然后迅

速填写“比赛名次报告表”，并与计时长核对名次。最后，将“比赛名次报告表”交由计时长转给执行总裁判。

比赛名次报告表

第 3 场　女子　100 米　自由泳　预赛　　　　第 1 组

名次	一	二	三	四	五	六	七	八
泳道	3	8	4	6	5	2	1	7

终点裁判长：×××

B.传统观察法

运动员出发前、后至抵达终点，终点裁判员的工作方法同“跟随观察法”。

运动员全部抵达终点后，各小组终点裁判员首先向本组小组长报告自己的判断结果，先报主看名次，再报兼看名次。

各组小组长记录并汇总得出本组的判断结果，然后依次向终点裁判长报告。

终点裁判长综合各组的报告，并结合自己和副终点裁判长的判断，确定该组名次。然后填写“比赛名次报告表”。

⑤赛后工作

A.每场比赛结束后，及时做好小结，发现不足，找出原因，积极改进，努力提高名次判定的准确性。

B.全部比赛结束后，做好本组工作总结。

C.及时归还借用的器材。

12.转身检查

转身检查工作也是保证比赛公平进行的重要环节。转身检查员必须非常熟悉规则中关于各泳式转身动作的规定，工作时要求全神贯注，仔细观察，公正准确地做出判断。

游泳池的两端分别称为终点端和转身端，各设转身检查长 1 人，转身检查员 8 人。

①位置

A.转身检查长

转身检查长 2 人，分别位于总裁判对侧距游泳池两端 1～2 米处，称为终点端转身检查长和转身端转身检查长。

B.转身检查员

转身检查员分别位于每条泳道两端出发台后 2～3 米处。

C.替补裁判员

举行大型游泳竞赛时，通常还在两端转身检查长旁边各安排 2 名替补裁判员。终点端的为 1、2 号替补裁判员，转身端的为 3、4 号替补裁判员。

②分工

A.转身检查长

转身检查长全面领导本端转身检查员的工作，确保本端转身检查员完成规则赋予的职责。

转身检查长在比赛中还要全面检查各泳道运动员在出发、转身、接力交接棒和抵达终点时的动作是否犯规。

B.转身检查员

·负责检查本泳道运动员的转身动作是否符合规则。

·终点端转身检查员还要负责：检查运动员出发后至第一次划水动作结束时的动作是否符合规则；在接力比赛交接棒时检查出发运动员是否犯规；在800米和1500米个人项目中向运动员发出“只剩最后一段”的信号。

·转身端转身检查员还要负责：在800米和1500米个人项目中向运动员报趟。

C.替补裁判员

当任何一名转身检查员发现犯规进行处理时（报告犯规情况、填写检查表等），或有裁判员因各种原因需暂时离岗时，为了保证比赛的正常进行，就近的一名替补裁判员应立即到该裁判员处，顶替其工作，直至该裁判员返回履行职责。

③赛前工作

·认真学习竞赛规程、竞赛规则和裁判方法，重点理解规则中的“转身检查员职责”“比赛和犯规”“各项泳式的比赛规定”等条款。

·领取所需的工作用具和表格。

·转身检查长分配转身检查员的工作，必要时安排好各场比赛岗位轮换表，明确工作配合方法。

·深入赛前训练现场，了解运动员的技术情况；熟悉各种转身犯规动作，统一判罚尺度。

·熟悉游泳犯规检查表的格式、内容和填写方法。

·终点端转身检查长还要与计时长联系，组织本端转身检查员与计时组配合，熟悉计时工作。

·每场比赛开始前15分钟，检查并摆好本组座位。如果该场有长距离项目比赛，则应准备好铃铛（终点端）和报趟牌（转身端）。

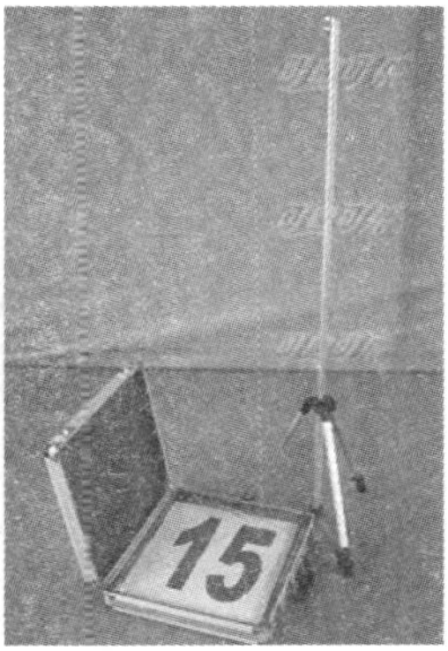

④现场工作

A.转身检查长

·每组比赛开始前，当总裁判发出长哨声信号时，两端的转身检查长都应起立，走到靠近池端处。待该组全部运动员都抵达终点后，再回原位就座。

出发时，终点端转身检查长要注意观察运动员出发后至完成第一个手臂动作止的过程是否犯规；运动员出发后，要注意是否有转身检查员报告犯规情况。

·在每组比赛中，当运动员游到距离池端15米时，本端转身检查长要全面观察运动员转身、接力出发和抵达终点的动作是否符合规则。同时，要密切注意是否有转身检查员报告犯规情况。

·如果有转身检查员报告犯规，转身检查长应立即到发现犯规的检查员处，了解详细情况，准确判断是否犯规。

·在 800 米和 1500 米自由泳比赛时，转身端转身检查长要注意本端转身检查员的报趟是否准确无误、符合要求；终点端转身检查长要提醒本端转身检查员在运动员还剩 105 米(25 米池为 55 米)时按要求摇铃。

·每组比赛最后一名运动员抵达终点后，及时向总裁判做出是否发现犯规的手势。如有犯规，则立即到执行总裁判处报告犯规情况。如执行总裁判判定犯规，转身检查长即通知转身检查员填写检查表，审核后签名，然后迅速将检查表交执行总裁判。

B.转身检查员

·每组比赛开始时，总裁判发出长哨声信号后(仰泳为第一声长哨)，两端转身检查员都应起立，走到本泳道出发台的侧后方，准备履行转身检查员的职责。本组运动员全部抵达终点后，再回原位就座。

·比赛若采用人工计时，终点端转身检查员在每组出发时要按对计时员的要求开表。运动员出发后，迅速上前站到池边检查运动员从出发至第一次划水动作结束的动作是否符合规则。然后退回出发台的侧后方站立。

·当运动员游至距离转身池端 15 米时，转身检查员应上前站到池边，仔细观察运动员从触及池壁前的最后一个手臂动作起至转身后完成第一个手臂动作止这一过程的动作是否符合规则。然后退回出发台的侧后方站立。

·接力项目比赛交接棒时，转身检查员应上前站到池边，仔细观察出发运动员是否在前一名运动员触及池壁后，脚才蹬离出发台。

·转身端转身检查员，在800米和1500米个人项目中运动员在转身端转身的前后，应用报趟牌向运动员报所剩的趟数，然后挂好报趟牌。本道运动员抵达终点后，应挂上红牌，表示该泳道运动员已结束比赛。

800米和1500米的报趟顺序

池长	距离	报趟顺序
50米	800米	15、13、11、9、7、5、3、1
	1500米	29、27、25…9、7、5、3、1
25米	800米	31、29、27…9、7、5、3、1
	1500米	59、57、55…9、7、5、3、1

·终点端转身检查员在800米和1500米个人项目中，运动员到达终点前105米（25米长游泳池为55米）时，用铃声或哨声向运动员发出“只剩最后一段”的信号，信号应持续到运动员转身后游出5米时才停止。

·转身检查员如发现运动员犯规，应立即用手势向本端转身检查长示意并详细报告犯规情况。转身检查长向执行总裁判报告后，若执行总裁判判定犯规，转身检查员应迅速填写检查表并签名，然后将检查表交给转身检查长。

·采用自动计时装置时，终点端转身检查员在本泳道运动员出发抢跳被召回时，或接力前三棒运动员抵达终点后，应站在出发台一侧引导运动员在就近泳池的一侧起水。对于接力比赛，要注意观察前三棒运动员在起水过程中是否把其他泳道的触板触停。如发生上述情况，应立即确定犯规运动员并报告转身检查长。

·采用自动计时装置时，终点端转身检查员在本泳道运动员抵达终点后，应站在出发台一侧等待全部运动员都到达终点，然后引导运动员起水。如果比赛采用人工计时，引导运动员起水的工作由内场检录员负责。

·如采用人工计时，终点端转身检查员在运动员抵达终点时按计时要求按停秒表。回原位就座后将自己计取的成绩报给二表计时员。

·当由其他项目转为仰泳、个人混合泳及混合泳接力时，或由仰泳、个人混合泳及混合泳接力转为其他项目时，如果需要，可由游泳池两端最外侧泳道（1、8 道）的转身检查员负责挂、撤仰泳转身标志线。

⑤赛后工作

A.每场比赛结束后，及时做好小结，交流比赛中出现的情况，分析判罚案例，提高观察判断能力，改善配合方法。

B.全部比赛结束后，做好本组工作总结。

C.及时归还借用的器材。

13.司线员

①位置

司线员 2 人，分别位于游泳池距出发一端 15 米处召回线的两侧。

②分工

司线员负责掌管召回线。

比赛如果不专设司线员，则可由同侧的技术检查员兼任。

③赛前准备

与发令员一起学习，共同研究配合方法。

每场赛前认真检查召回线的设备，熟悉其特点，熟练掌握操作方法，必须做到：召回线系得牢，不致发生在比赛过程中自行跌落而影响比赛的现象；召回线应使用灵活，必要时能迅速将召回线放下。

④现场工作

每一组比赛，司线员在总裁判发出长哨声信号（仰泳为第一声长哨）时迅速起立，做好操作召回线的准备。

发令员发出“各就位”的口令时，司线员注意力要高度集中，密切注视运动员的出发动作。当有运动员出发抢跳犯规，听到召回信号后，司线员应立即将召回线放下，将运动员拦回。召回线放下后要能完全覆盖所有泳道，避免因两侧出现悬垂斜角而让运动员游出的现象。

未听到发令员或执行总裁判的召回信号，司线员在任何情况下都不能自作主张放下召回线。

⑤赛后工作

每场比赛结束后，及时做好小结，不断改进配合方法。

全部比赛结束后，随发令组一起进行工作总结。

附录5　游泳运动员等级标准

男子

	国际级运动健将		运动健将		一级运动员		二级运动员		三级运动员	
	50 米池	25 米池	50 米池	25 米池	50 米池	25 米池	50 米池	25 米池	50 米池	25 米池
50 米自由泳	21.95	20.95	23.28	22.28	24.50	23.50	27.50	26.50	34.50	33.50
100 米自由泳	48.39	46.89	51.50	50.00	55.50	54.00	1:05.00	1:03.50	1:22.00	1:20.50
200 米自由泳	1:46.88	1:43.38	1:51.55	1:48.05	2:03.00	1:59.50	2:23.00	2:19.50	2:56.00	2:52.50
400 米自由泳	3:47.79	3:40.79	3:58.60	3:51.60	4:21.00	4:14.00	5:06.00	4:59.00	6:16.00	6:11.50
800 米自由泳	8:00.09	7:46.09	8:24.00	8:10.00	9:02.00	8:48.00	10:32.00	10:18.00	13:12.00	12:58.00
1500 米自由泳	15:12.08	14:47.08	16:00.30	15:35.30	17:20.00	16:54.00	20:15.00	19:50.00	24:45.00	24:20.00
50 米仰泳	25.24	24.24	27.43	26.43	30.50	29.50	35.50	34.50	43.00	42.00
100 米仰泳	53.92	52.92	58.45	57.45	1:04.00	1:03.00	1:14.00	1:13.00	1:30.00	1:29.00
200 米仰泳	1:57.90	1:55.90	2:06.45	2:04.45	2:18.00	2:16.00	2:41.00	2:39.00	3:16.00	3:13.00
50 米蛙泳	27.47	26.47	28.75	27.75	32.50	31.50	37.00	36.00	44.00	43.00
100 米蛙泳	1:00.23	58.23	1:03.80	1:01.80	1:11.00	1:09.00	1:20.00	1:18.00	1:34.00	1:32.00
200 米蛙泳	2:11.75	2:07.75	2:21.90	2:17.90	2:35.00	2:31.00	2:54.00	2:50.00	3:23.00	3:19.00
50 米蝶泳	23.51	22.51	24.89	23.89	27.00	26.00	32.50	31.50	41.50	40.50
100 米蝶泳	51.92	50.42	55.45	53.95	1:00.00	58.50	1:11.00	1:09.50	1:29.00	1:27.50
200 米蝶泳	1:56.59	1:53.59	2:02.70	1:59.70	2:14.00	2:11.00	2:38.00	2:35.00	3:18.00	3:15.00
200 米混合泳	1:59.83	1:56.83	2:08.20	2:05.20	2:19.00	2:16.00	2:40.00	2:37.00	3:15.00	3:12.00
400 米混合泳	4:18.05	4:12.05	4:31.20	4:25.20	4:58.30	4:52.00	5:31.00	5:25.00	6:56.00	6:50.00

女子

（续表）

	国际级运动健将		运动健将		一级运动员		二级运动员		三级运动员	
	50 米池	25 米池	50 米池	25 米池	50 米池	25 米池	50 米池	25 米池	50 米池	25 米池
50 米自由泳	24.90	23.90	25.85	24.85	27.20	26.20	31.50	30.50	38.50	37.50
100 米自由泳	54.35	52.85	56.30	54.80	1:02.50	1:01.00	1:13.00	1:11.00	1:34.00	1:33.00
200 米自由泳	1:57.84	1:54.34	2:01.20	1:57.70	2:15.00	2:11.50	2:39.00	2:35.50	3:23.00	3:19.50
400 米自由泳	4:09.17	4:02.17	4:15.80	4:08.80	4:44.00	4:37.00	5:46.00	5:39.00	7:06.00	6:59.00
800 米自由泳	8:33.95	8:19.95	8:53.40	8:39.40	9:42.00	9:28.00	12:02.00	11:48.00	15:02.00	14:48.00
1500 米自由泳	16:37.40	16:12.46	17:14.00	16:49.00	18:35.00	18:10.00	23:45.00	23:20.00	27:45.00	27:20.00
50 米仰泳	28.61	27.61	30.55	29.55	33.00	32.00	38.50	37.50	46.50	45.50
100 米仰泳	1:00.69	59.69	1:04.30	1:03.30	1:09.00	1:08.00	1:21.00	1:20.00	1:41.00	1:40.00
200 米仰泳	2:10.10	2:08.10	2:18.30	2:16.30	2:29.50	2:27.00	2:53.00	2:51.00	3:38.50	3:36.50
50 米蛙泳	31.23	30.23	31.70	30.70	36.00	35.00	41.00	40.00	48.00	47.00
100 米蛙泳	1:07.41	1:05.41	1:10.75	1:08.75	1:18.00	1:16.00	1:29.00	1:27.00	1:44.00	1:42.00
200 米蛙泳	2:25.19	2:21.19	2:36.60	2:32.60	2:51.00	2:47.00	3:13.00	3:09.00	3:48.00	3:44.00
50 米蝶泳	26.47	25.47	27.50	26.50	30.50	29.50	36.50	35.50	45.50	44.50
100 米蝶泳	58.11	56.61	1:00.50	59.00	1:08.00	1:06.50	1:20.00	1:18.50	1:39.00	1:37.50
200 米蝶泳	2:08.75	2:05.75	2:14.20	2:11.20	2:25.00	2:22.00	2:54.50	2:51.50	3:38.00	3:35.00
200 米混合泳	2:12.84	2:09.84	2:18.40	2:15.40	2:30.00	2:27.00	2:58.00	2:55.00	3:48.00	3:45.00
400 米混合泳	4:41.61	4:35.61	4:56.80	4:50.80	5:18.00	5:12.00	6:21.00	6:15.00	8:06.00	8:00.00

★★★ 参考文献 ★★★

[1]梅雪雄.游泳[M].北京:高等教育出版社,2010年第三版.
[2]中国游泳协会.游泳竞赛规则2010—2014[M].北京:人民体育出版社,2010年.
[3]陆一帆.游泳运动员身体形态特征及个性化训练探索[M].北京:北京体育大学出版社,2011年.
[4]许琦.现代游泳训练方法[M].北京:北京体育大学出版社,2007年.
[5]闫琪.游泳专项体能训练[M].北京:北京体育大学出版社,2010年.
[6]张大超.我国优秀运游泳动员训练过程监控系统研究[M].北京:人民体育出版社,2008年.
[7]科斯蒂尔,马格利索,理查德森.运动医学与科学手册——游泳[M].北京:人民体育出版社,2002年.
[8]小松原真纪.游泳训练100课[M].长春:吉林科学技术出版社,2012年.

[9]张燕中.游泳入门［M］.合肥：安徽科学技术出版社，2009 年.
[10]大卫·托马斯.教你学游泳［M］.哈尔滨：黑龙江科学技术出版社，2007 年.
[11]田珊.专家教你学游泳［M］.南昌：江西科学技术出版社，2005 年.
[12]李珈基，郭绍炎.教你学游泳［M］.南京：江苏科学技术出版社，2004 年.
[13]于荣.游泳［M］.南京：江苏科学技术出版社，2012 年.
[14]严伟莉.怎样学游泳［M］.北京：金盾出版社，2008 年.
[15]王建国.游泳指南［M］.合肥：安徽师范大学出版社，2012 年.
[16]中原英臣.游泳健康法［M］.北京：中国轻工业出版社，2002 年.
[17]温宇红.游泳竞赛工作指南［M］.北京：北京体育大学出版社，2004 年.
[18]李仲明.游泳与实用水上运动［M］.广州：中山大学出版社，2006 年.
[19]王勃. 从小学游泳［M］.北京：人民体育出版社，2002 年.
[20]闫保庆.游泳技巧［M］.北京：中国社会出版社，2006 年.